C000151794

UNSERS WURZELN UNSERE KETTEN

*Der Umgang mit den
Wahlen in Nigeria 2019*

Clara Meierdierks
geb. Uwazie

www.claram.net

Redaktion und Layout von Amina Chitembo.
Cover Entworfen von Ahsan Chuhadry.
Cover Artwork von Vivian Timothy.
Herausgegeben von Diverse Cultures Publishing, UK.
Website: www.diverse-cultures.co.uk
E-Mail: publishing@diverse-cultures.co.uk
ISBN: 978-1-9160114-3-4

Mit besonderem Dank für die deutsche Version an Hagen Meierdierks für die Übersetzung und Bearbeitung

Widmung

An meinen Ehemann Hagen und unserer Tochter Shanaya Ezinne Chinagorom.

Meine beiden ein und alles halten mich am Boden und wecken mich,

um die Welt zu erobern und meine Träume zu verwirklichen.

Inhalt

"Es gibt nichts, was nicht gesagt wurde.
Ich werde mich anderen anschließen,
um Dinge in Worte und Schriften zu fassen,
um das Schicksal zu verbessern und die Seelen zu inspirieren:
Wenn Sie ein Teil dieser Müdigkeit sind,
sind Sie mein Ziel.

Vorwort

Wir sind alle verhüllt, bedeckt und müde von den Schmerzen unserer Wurzeln. Wir wurden unserer Wurzeln beraubt und schweben nun, ohne uns richtig einzubetten um uns zu verankern. Obwohl sich viele nicht mehr beklagen können und nicht mehr genug Tränen haben, um eine verlorene und entwurzelte Wurzel um Seelen in Ketten, um blutende und gebrochene Herzen zu weinen. Wir können müde sein von anderen Dingen, wir können mit anderen Dingen auskommen, die uns das Leben geschenkt hat, aber wir können unsere müden Zustände und gebrochenen Gedanken nicht bewältigen, wenn wir unsere Wurzeln verlieren, ist eine andere Schlacht gewonnen.

Wir haben Schmerzen und Ketten, wir sind verloren und warten darauf, von denen gefunden zu
werden, denen wir Macht anvertraut haben. Wenn
sie ihre Vision verlieren, gut zu führen, hören wir
auf, uns auf sie zu konzentrieren, und wir leiden,
gehen zugrunde und verlieren unseren Anker.

Stellen Sie sich einen Baum vor der geschüttelt
wird wenn ein Wirbelwind einsetzt und die Wurzeln entwurzelt werden, weil er nicht mehr stark
genug ist, um der Kraft der Winde zu widerstehen,
dessen Anker zerstört wird, wenn kein Schutz oder
Heilmittel zur Hand ist. Was folgt, ist ein dünnes
Gefühl. Die Wurzel aller Bäume dienen als Festung
und ist der Ursprung aller guten Dinge.

Joyce Meyer schrieb einmal: "Betrachten Sie
einen Moment einen Baum." So schön Bäume auch
aussehen mögen, wir sehen nicht, was im Unter-
grund vor sich geht - wenn sie Wurzeln schlagen.
Bäume müssen tiefe Wurzeln entwickeln, um stark
zu werden und ihre Schönheit hervorzubringen.
Aber wir sehen die Wurzeln nicht, wir sehen und
genießen nur die Schönheit. Alles in allem müssen wir alles tun, um unsere Wurzeln zu bewahren,
zu schützen und zu schützen, denn einmal beschä-
digt, manipuliert, braucht es möglicherweise Jah-
rzehnte, um repariert zu werden, und es kann sein,
dass es nicht mehr dasselbe ist.

Wenn wir uns anderswo verirren, geben uns unsere Wurzeln den Trost, die Gefühle, zu denen wir gehören, und wir fühlen uns zu Hause. Zurück zu unserer Wurzel ist dort, wo Liebe im Überfluss vorhanden ist, aber was passiert, wenn die Wurzeln von denen entwurzelt werden, die für sie sorgen sollten? Uuups! Unser Anker wird manipuliert und das, was uns hält, kann uns nicht mehr für immer halten.

"Ich bin hundert Mal in die Tiefe gegangen, um einen niedergeschlagenen Geist zu bejubeln. Es ist gut für mich, bedrängt worden zu sein, damit ich weiß, wie man ein Wort in der Saison mit einem Wort spricht, das müde ist."

- Charles Spurgeon-

UNSERE SCHMERZEN

Dies ist eine Art, mit den Schmerzen und den lang erwarteten Wahlen in Nigeria im Jahr 2019 umzugehen. Dieses Buch sagt alles. Wenn unsere Wurzeln zerstört sind, wo sonst können wir zu Hause anrufen! Die Wichtigkeit der eigenen Wurzel wird in Stücke gerissen. Wenn wir uns anderswo verirren, gibt uns unsere Wurzel die Hoffnung, den Anker und das Gefühl wieder, wieder gewollt zu sein.

Dies ist das 21. Jahrhundert und die Nigerianer hoffen erneut auf einen Retter für die nächsten vier Jahre. Während andere Länder Demokratie ohne Manipulationen, Tötungen und Zerstörungen erreicht haben, gehen in Nigeria keine Wahlen vorbei, ohne dass die Nigerianer im In- und Ausland Schmerzen in den Ketten der politischen Versklavung, der Schlaflosigkeit und die Überlegungen haben, was als nächstes passieren wird! Von Angst, Schmerz und Ketten gepackt und doch von unseren Wurzeln eingeschlossen und eingesperrt.

Unsere Wurzel, unser Schmerz und die Möglichkeiten, eine Demokratie ohne Verlust von Leben und Eigentum zu erreichen, bleiben ein Traum für mich als Nigerianerin, die, die dieses Buch schreibt und aus einem fremden Land zuschaut, während man doch Patriot meines Landes ist.

UNSERE ÄNGSTE

Zweifellos beruht unsere Müdigkeit nicht auf der Tatsache, dass wir laufen. Vielmehr beruht unsere Müdigkeit allzu häufig auf der Tatsache, dass viele der Dinge, vor denen wir weg laufen, genau die Dinge sind, für denen wir laufen sollten - Craig D. Lounsbrough.

Je näher die Wahlen in Nigeria im Jahr 2019 rückten, desto mehr bin ich in Panik. Laufen wir wirklich vor jenen Dingen davon, an die wir uns wenden sollten? Ich muss gestehen, dass ich bei den soeben abgeschlossenen Wahlen in Nigeria Qualen, Schmerzen und Zweifel hatte. Da ich nicht wusste, was ich tun sollte, beschloss ich, mich mit den Schmerzen, der Qual und den Frustrationen der nigerianischen Wahlen im Jahr 2019 schreibend auseinanderzusetzen.

Ich bin so leidenschaftlich am Schreiben interessiert, weil es mir geholfen hat, mit den dunkelsten Momenten meines Lebens umzugehen, selbst mit den meisten Ungewissheiten des Lebens, und ich fühlte dass es keinen Ausweg gab.

Ich beabsichtige dass bei vielen meiner Lesungen man wissen sollte dass ich kein Politiker bin und mich keiner politischen Partei anschließe.

Ich hatte solche Hoffnungen auf mein Land, dass sich die Dinge bald zum Guten wenden würden, bis mir klar wurde, wie schlimm die Situation in meinem geliebten Land meiner Herkunft Nigeria ist.

Ich spreche nicht nur über irgendetwas; Ich spreche von meinem geliebten Land Nigeria. Unser Land braucht Hilfe, nicht von außen, sondern von allen Nigerianern, denn wir sind diejenigen, die unser eigenes Land wiederbeleben sollten und müssen.

Es gibt so viele Gründe, warum Ablenkungen an dieser Stelle ignoriert werden sollten. Warum sollten Schuldzuweisungen beendet sein und warum sollten wir realistischer und nicht emotionaler mit Fragen nationaler Angelegenheiten umgehen.

Unsere Kinder schauen zu, und selbst einige fragen sich, "was für eine verwirrte Nation" – und fragen, was los sein kann.

Übergeben wir das unseren Kindern?

Dieses Buch ist zu Ehren unserer vielen afrikanischen Brüder, Schwestern und Kinder geschrieben worden, insbesondere an die vielen Nigerianer, die im Bürgerkrieg ihr Leben verloren haben, Opfer von Terroranschlägen geworden sind, auf dem Weg nach Libyen gestorben sind und im

Mittelmeer ertrunken sind, weil man auf der Suche nach einem besseren Leben war. Insbesondere auch nach meinem "IMO-STAAT", der in den letzten Jahren fahrlässig behandelt wurde.

Für die Verschleierten, die mit gebrochenem Herzen zertretenen Stämme, für die Stämme, die geschlagen, getötet und zurückgewiesen wurden und die Aufgrund von Ungerechtigkeiten zu Fremde in ihrem Land gemacht wurden.

Für Sie und für viele, die bei den kürzlich abgeschlossenen nigerianischen Wahlen im Jahr 2019 gestorben sind, ist nicht alles verloren, es gibt

Hoffnung, Hoffnung auf Wiedergeburt, Befreiung, Hoffnung auf das Gelobte Land und die Hoffnung dass eines Tages die Gerechtigkeit für diejenigen wieder auferstehen wird die ausgegrenzt und vergessen wurden und die so viel Ungerechtigkeiten in ihrem Land erleiden mussten.

Eines Tages, irgendwann, werden wir alle aufwachen, um zu erkennen, dass wir alle eins sind, aus demselben Fleisch und derselben Seele, mit einem Gott, der für jeden verschiedene Namen hat.

Erst wenn wir "Hüter unserer Brüder" werden, werden wir uns gegenseitig wertschätzen, und dann werden wir ein neues Kapitel beginnen, das inklusiv und nicht exklusiv, tolerant und nicht tribalistisch oder ethnozentrisch ist. Religiösen Kämpfe, Terroranschläge, Einschüchterungen, Entführungen und andere Verbrechen gegen die Menschlichkeit werden verschwinden oder massiv eingedämmt.

Wir werden mit einer Stimme sprechen, obwohl wir unterschiedliche Akzente haben. wir werden uns lieben, ohne Rücksicht auf unsere Gleichgültigkeit und Unzulänglichkeiten. Wir werden andere nicht töten, nicht beurteilen und nicht verurteilen. Wir werden die anderen in uns lernen und akzeptieren; Schließlich sind wir alle von einem Wesen ausgegangen.

Nicht mehr und nicht weniger - "Wir sind müde und wollen, dass unsere Häuser wieder zu Häusern werden und nicht zu Häusern, die Schmerzen bereiten" und "Dornen". Egoismus und Gier müssen aufhören und Führer müssen wieder Führer sein. Gefühle haben nichts gemeinsam mit Führung. Integrität, ein gutes Vorbild und Opfer sind alles, was man braucht, um gut zu führen.

Ausgegrenzte Menschen, arbeitslose Jugendliche, schlechte Straßen, mangelnde Infrastruktur und andere sind meines Wissens Zeichen einer Nation in Not.

Ist das nicht Grund genug, gemeinsam etwas für das Wohl unserer Nation zu tun?

Sie wundern sich vielleicht, warum ich mir so große Sorgen um meine Wurzeln mache.

Ich versuche nicht depressiv zu sein und meine Trauer nicht zu zeigen, aber Tatsache ist, dass dies meine Wurzel ist und egal wie sehr ich mich bemühe, nicht darüber nachzudenken, ihre Erinnerungen finden immer noch ihren Weg hinein.

Ist mein Land Nigeria wirklich in Bedrängnis? Oder tun wir nur so, als ob alles in Ordnung wäre?

Ich habe den Artikel von Samuel Adesanya online gelesen, der vor 12 Monaten geschrieben wurde und bestätigt, dass Nigeria in Not ist. Er wies auf einige der alltäglichen Dinge hin, die Nigeria in Bedrängnis gebracht haben. In all diesen Fällen hätte man sich fragen können, welche Lehren die gesamte Nation aus der Vergangenheit der Unzulänglichkeiten gezogen hat,

Gesetze und Regeln sind für jedermann gedacht, da die Verfassung die Freiheit und den Glauben sowie die Religionsfreiheit schützen sollte.

In Amerika und den meisten westlichen Welten scheinen die Menschen durch die Verfassung besser geschützt zu sein. Das ist in Nigeria alles andere als Realität.

Ich weiß, das kommt mir bekannt vor. Wir alle lieben Frieden und arbeiten so hart, um in Frieden zu leben und nicht in Angst zu leben. Ich erweitere meinen Wunsch, meine Hoffnung und meine Träume, dass wir alle eine neue und positive Veränderung in Nigeria erleben werden. Ich hoffe wirklich, dass jeder Nigerianer nachziehen kann, um Nigeria wieder zum Laufen zu bringen.

Es sind nur ein paar engagierte Bürger erforderlich, um der **Korruption** zu entkommen und die Dinge in Bewegung zu setzen.

Wir sind keine Scheißlöcher, wie Trump Afrika beschrieben hat, wir sind keine Scheißlöcher, wir haben alles, um dies zu entlarven, aber sind wir bereit?

Alle Menschen in Nigeria haben es satt, in Kompromissen und Trauer zu leben, und sie haben es satt, mehr zu wollen und weniger zu wollen und nicht mehr zu wollen wegen dem zerstörerischen korrupten Systems.

Es ist meine Hoffnung und mein Wunsch und die Wünsche von so vielen das wir diesen Krieg beenden und Frieden schließen das wir leben und leben lassen, denn wir sind ein

Kontinent der Hoffnung und kein Untergang, ein Staat für alle der einem gemeinsamen Riesen gegenüber steht.

Ich fand das sehr hilfreich und vertraue darauf, dass Gott unsere Energie erneuern wird.

"Gott erneuert unsere Energie, wenn wir müde sind"
(Psalm 103: 5).

Wir sind wirklich müde, müde von allem, was nicht richtig läuft.

Müde, weil Ressourcen verschwendet, gestohlen und ungleich verteilt werden,

Müde wegen unserer Mängel,

Müde wegen unseres kollektiven Versagens,

Müde, weil wir nicht sicher sind, wem wir glauben sollen,

Müde immer zu hoffen das der Mantel der Führung keine Korruptionale Farbe trägt sondern endlich mal jemanden passt der diesen Mantel würdig ist zu tragen.

Wie können wir unseren Joseph, unseren Moses, unseren Aaron, unseren Daniel nennen?

Wer kann gegen unseren Riesengoliath kämpfen? Und in Salomos Weisheit herrschen?

Wer kann das für uns tun?

Oh! Gott erneuere unsere Energie, unsere Hoffnungen, um unsere Wurzeln wiederherzustellen.

Es spielt keine Rolle, wer der Anführer wird, es kommt darauf an wer sich um die Bedürfnisse der Menschen kümmert Denn Treue und Liebe zu den Menschen ist das, wonach die Menschen in einem Führer suchen. Sie bevorzugen einen armen, guten Führer und keinen reichen, schlechten Führer ohne Herz.

Afrika, mein wunderschöner Kontinent, gesegnet mit allen natürlichen Ressourcen, Arbeitskräften und Schönheiten. Schwarz ist schön und einzigartig. Leider wissen andere Kontinente zu schätzen und wissen, was Afrika außer den Schwarzen hat.

Das ist traurig, denn solange wir nicht in der Lage sind, das, was wir haben, zu hegen und zu pflegen, kann der Wunsch, Afrika wieder großartig zu machen, uns weiterhin entgehen.

Afrika soll der zweitgrößte und bevölkerungsreichste Kontinent der Welt sein, in beiden Kategorien hinter Asien (Wikipedia). Es ist im Norden vom Mittelmeer, im Nordosten vom Roten Meer, im Südosten vom Indischen Ozean und im Westen vom Atlantik umgeben. Hat etwa vierundfünfzig Länder, neun Gebiete, die Mehrheit des Kontinents und seiner Länder soll auf der nördlichen Hemisphäre liegen, viele im Süden.

Algerien gilt als Afrikas größtes und Nigeria als bevölkerungsreichstes Land. Ostafrika gilt als Ursprung des Menschen. Nigeria hat die größten Ethnien, Kulturen und Sprachen.

Der Geschichte nach wurde Afrika im 19. Jahrhundert von Europa kolonialisiert und im 20. Jahrhundert dekolonialisiert. Nigeria ist wie andere afrikanische Länder Mitglied der Afrikanischen Union (AU) mit Sitz in Addis Abeba.

Die Frage, die sich alle stellten: Warum?

Die meisten afrikanischen Länder sind trotz ihrer zahlreichen natürlichen Ressourcen arm, und warum kämpft Nigeria inmitten seiner großen natürlichen und menschlichen Ressourcen immer noch?

Es wird berichtet, dass nur 15 Länder als „mineralreich" gelten, von denen Nigeria eines in Westafrika ist. Trotzdem läuft alles falsch, außer in Botswana das sich zumindest rühmen kann stabil zu sein. Ist das die Geschichte, die wir uns in diesem 21. Jahrhundert erzählen sollten?

Daron Acemoglu und James Robinson in Warum afrikanische Nationen scheitern, stellten in ihrem Artikel klar fest dass sich Afrika nicht entwickelt hat, weil die Verantwortlichen das Geschäft nicht verstehen. Berichten zufolge haben die Staats- und Regierungschefs nicht in die LEISTUNG DER MENSCHEN investiert und dies ist ein großes Problem.

Warum, warum mein Afrika?

Ist das wirklich so, wie berichtet?

Ich bin sicher dass viele von uns wissen dass dies einige Teile unserer Probleme bis heute sind.

Das muss sich ändern, und wir müssen wieder an uns glauben, um das zu nutzen, was wir haben, um das zu bekommen, was wir wollen.

Es gibt Kraft, Wissen und Weisheit in unserem Volk, aber wir müssen entdecken und anfangen zu schätzen, was wir haben.

Einige der afrikanischen Länder wie Nigeria, die mit natürlichen Ressourcen gesegnet sind, werden von Mineralien geblendet, als ob nur die Mineralressourcen die Magie verrichten könnten. Nigeria kann sich kaum rühmen, seine natürlichen Ressourcen in Endprodukte umwandeln zu können, außer mit Hilfe der westlichen Welt . Wer wird die Produkte, nachdem er sie in irgendeiner Form veredelt hat, wieder an uns verkaufen? Sie machen ihre Gewinne und wir machen unseren Verlust.

Traurig, sehr traurig.

Kapitel 1:
Unsere Nigeria

Geografisch gesehen liegt Nigeria in Westafrika und grenzt im Norden an Niger, im Nordosten an Tschad, im Osten an Kamerun und im Westen an Benin.

Die aus 36 Bundesstaaten und einem Bundesgebiet bestehende, theoretisch demokratische Flagge ist Grün-Weiß-Grün.

Motto: Einheit und Glaube, Frieden und Fortschritt

Hymne: Steh auf, Landsleute.

Hauptsprachen sind Igbo, Hausa und Yoruba mit vielen anderen Dialekten. Lagos ist die größte Stadt, die ehemalige Hauptstadt, bevor sie nach Abuja verlegt wurde.

Die Geschichte besagt, dass Nigeria eine Heimat für viele alte Königreiche und Traditionen war. Sie hatten ein existierendes System vor der Kolonialherrschaft das ist was uns von unserem Land erzählt wurde.

Der Geschichte nach sollte Nigeria kein einziges Land sein, aber unsere britischen Kolonialherren fanden es gut, dass sie es im 19. Jahrhundert schafften ein Land zu formen, ohne Rücksicht auf die Unterschiede in Kultur und Sprache, was zu vielen Konflikten geführt hat.

Das hat die Nation bis heute geplagt.

Die Geschichte war eines meiner besten Fächer und ich bin froh, dass ich sie als Fach an einer weiterführenden Schule gewählt habe, wo wir so viel über die Kolonialregeln gelernt haben. Nigeria wurde 1914 in das südliche und nördliche Protektorat aufgeteilt.

Ja, sie kamen sogar als Missionare und brachten uns Religion. Ja, Religion ist nur schön, wenn wir uns spirituell engagieren, aber sind wir spirituell engagiert!

Im Schulfach Geschichte haben wir über die indirekten Regeln unseres britischen Kolonialherren nachgedacht, was uns aus heutiger Beurteilung zu nichts geführt hat.

Vielmehr war Nigeria in der Geschichte mit einer Reihe von Putschen, religiösen Konflikten, der Marginalisierung einiger Gruppen und einem Ungleichgewicht in der Machtverteilung konfrontiert und die Allokation von Bundesressourcen hat Nigeria bis heute in den Hintergrund gerückt.

Nigeria ist im Volksmund als der „Riese Afrikas" bekannt, da seine größte Bevölkerung auf 186 Millionen geschätzt wird. Es wird gesagt, dass es das 7. bevölkerungsreichste Land mit drittgrößter Jugend auf der Welt ist. Es wird geschätzt, dass es ungefähr 250 ethnische Gruppen mit 250 verschiedenen Sprachen und verschiedenen Kulturen gibt.

Englisch ist die offizielle Sprache, aufgrund der damaligen britischen Kolonialregeln. Pidgin-Englisch wird ebenfalls akzeptiert, jedoch nicht auf akademischem Niveau. Ja, der koloniale Meister hat uns glauben gemacht, dass alles Schwarze nicht gut genug ist, und einige von uns haben es geglaubt, und wir versuchen, den Stil ihrer Kleidung zu imitieren, während wir unsere schönen und natürlichen Arten, Dinge zu tun, vernachlässigen.

Die Ironie ist, dass sie immer noch unsere Sachen verwenden, um Wrapper (Traditionbekleidung) herzustellen und sie uns wiederum zu verkaufen; Das klassische Beispiel ist Hollandias eine sehr beliebte Bekleidung für nigerianische Frauen, das in Zeremonien verwendet wird. Diese prestigeträchtige Industrie wird von einem Europäer geführt und gehört ihm, was für eine Ironie. Kein Wunder, dass wir bei den meisten Dingen, mit denen wir ausgestattet waren, nachlässig wurden. Früher waren wir natürliche Menschen, heute sind wir nicht mehr verwirrter als je zuvor, es sei denn, wir beschließen, zu unseren Wurzeln zurückzukehren und unsere natürlichen Dinge zu tun, und an die Kräfte glauben, die wir haben, um unsere Dinge zu verbessern und weiterzuentwickeln. Es bleibt noch ein langer Weg um herauszufinden was wir haben.

Nigeria hat Christen hauptsächlich im Süden und Muslime im Norden. In der Vergangenheit existierten beide Religionen friedlich nebeneinander. Ich habe so viele Freunde die Muslime sind und wir haben miteinander gefeiert.

Heute haben wir sowohl christliche als auch muslimische Fanatiker in Nigeria und dies destabilisiert die Nation aufgrund der verwirrenden Zustände in denen wir uns plötzlich befanden. Wir glauben an den Allmächtigen darüber und hoffen dass er unsere entwurzelten Wurzeln bringt und wieder herstellt.

Ein Land das als die 20. größte Volkswirtschaft gilt. Nigeria ist Mitglied der Afrikanischen Union (AU), der MINT-Gruppe, die sich auf die wirtschaftlichen Finanzen Mexikos, Indonesiens,

Nigerias und der Türkei bezieht. Außerdem ist es Mitglied der Vereinten Nationen, der Commonwealth-Nationen und der OPEC (Organisation der erdölexportierenden Länder). Nations Organization wurde 1960 gegründet und doch läuft nicht alles gut, obwohl alle zu großen Organisationen gehören.

Sind wir so verwirrt?

Haben wir die Fähigkeit verloren an uns selbst zu glauben?

Und um die richtigen Dinge tun?

Warum läuft alles schief?

Daron und James Robinson in "Warum afrikanische Nationen versagen" ein Buch das eine Zusammenfassung aller verschiedenen Theorien und Studien sein soll. Demnach sehen alle diese Probleme in den meisten afrikanischen Ländern so aus.

Stellen Sie sich vor, Sie haben Tonnen von Rohkaffee und Rohöl exportieren dieses in die westliche Welt wo die Veredelung der Produkte erfolgt. Um dann dieses als fertige Produkte wieder zu importieren.

Alles nur weil man selbst das Geschäft nicht verstehen.

Auf diese Weise verlieren die Afrikaner, und der Westen verdient Geld, Sie haben Recht in ihrer Analyse, und dies muss sich ändern, wenn wir hoffen, ein besseres Afrika, insbesondere ein besseres Nigeria, zu erreichen.

Diese Überzeugung über Bodenschätze zu verfügen, hat uns für immer zum Scheitern verurteilt. Aus jeder Sicht ist es dieselbe Haltung, die die Regierung hervorgebracht hat und Bürger die bei der Verarbeitung der Bodenschätze stärker auf ausländische Hilfe angewiesen sind, die ihrerseits das echte Geld nehmen und den Afrikanern nur Erdnüsse geben. Sie bleiben reich, industrialisierter, und wir bleiben arm und unterentwickelt.

Die Leute werden gierig und glauben daran, schnelles Geld zu verdienen, ohne die dazugehörige Arbeit, Kriminalität und natürlich alles, was dazugehört, werden zum Befehl und zur normalen Praxis. Korruption frisst jede Ecke auf. Wir alle werden jeden Tag gierig, und dies führt zu Korruption und Konflikten überall, siehe Nigeria, Sierra Leone, Republik Kongo und viele mehr, alles nur, weil wir uns ergeben haben und die Fähigkeit verloren haben, das Richtige zu tun und uns selbst Aufgaben zu stellen . Werden wir der westlichen Welt weiterhin alle Ehre machen und von Fertigwaren aus dem Westen abhängen?

Wir können es besser machen, alles, was wir tun müssen, ist, unsere verschiedenen Begabungen und Talente zu nutzen, um Dinge neu zu definieren.

Schlechte Führung tötet eine Nation: Schlechte Regierungsführung hat die meisten Nationen zu mehr Konflikten, Streit und Unordnung geführt. Einschüchterungen der Armen durch die Reichen gelten als normale, unerforschte natürliche Ressourcen, mangelnde Investitionen in Bildung, Gesundheit und soziales Kapital werden zu Normen. Fast alles bliebt schlecht entwickelt und die Menschen leiden.

Wir rühmen das wir natürliche Ressourcen haben und das wir der Riese von Afrika sind, aber wir sind in Schmerzen und Ketten gefangen.

Die Nigerianer glaubten zu sehr an Öl und Gas und hatten das Gefühl eines reichen Sohnes, der es sich leisten kann, nur zu wissen dass sein Vater Öl hat.

Handarbeiten und Handwerk sind in keinster Form attraktiv, obwohl diese Berufsklasse eine Nation erhält.

Manchmal wird mehr Wert auf Hochschulabsolventen gelegt.

Verstehen Sie mich nicht falsch, seitdem ich in Deutschland lebe und gesehen habe, dass Deutschland nach dem Krieg wieder aufgebaut wurde, mit bloßer Kohle und menschlichem Wissen.

Sagen Sie mir nicht dass wir es nicht können.

Tun wir mehr als das, wir verfügen über natürliche Ressourcen und über Humanressourcen.

Was fehlt uns also?

Uns fehlen natürliche und aufrichtige Menschen;

Es fehlen Menschen, die an uns glauben, die bereit sind, das zu nutzen, was wir haben, um Nigeria wieder großartig zu machen.

Wir haben zu viel an alles geglaubt, außer an uns zu glauben. Wir wählen unsere Priorität falsch und scheitern an unserer Nation. Einige, die nach ihrem Abschluss in Sprachen wie Igbo, Yoruba oder Hausa als Banker arbeiten, sehen das als problematisch an.

Länder, die geglaubt haben, reich zu sein, indem sie nur erwähnen, dass sie Mineralien und andere Ressourcen haben, können nicht umwandeln, was sie haben, und sind eher dazu übergegangen, nicht darüber nachzudenken, wie sie am Ende ein positives Ergebnis mit dem erzielen können, was sie haben.

Wir können mehr und es besser machen als nur Korruptionale Führer hervorbringen die Bürger in die Irre führen, alles abschneiden und sich selbst die Taschen füllen und dabei unsere Visionen blenden.

Wenn durch die Führung einer Nation die selbe so ausgebremst wird, kann man von Nationalen und Wirtschaftlich Selbstmord sprechen.

Wir müssen gemeinsam etwas für das Wohl unserer Nation tun.

Wir Kinder unserer Väter haben das Wissen und die Talente unsere Nation zu einer erfolgreichen Wirtschaftlichen Einheit zu führen ohne das die alten Sünden unserer Väter zu Ketten an uns Kinder werden.

Botswana hat sich im Vergleich zu anderen afrikanischen Ländern als anders erwiesen.

Was ist Gas und Öl für Nigeria, wenn unser Volk weiter leidet?

Ist das ein Fluch oder ein Segen?

UNSERE LEUTE

Sie weinen laut, aber niemand hört, was ist eine Nation ohne ihre Jugend und ohne ihre Bürger?

Warum ist eine Nation so reich und mit natürlichen Ressourcen ausgestattet und gleichzeitig so arm und unsicher?

Gemäß den Definitionen von Wikipedia sind Mineralressourcen Materialien von wirtschaftlichem Interesse, die in oder auf der Erdkruste in einer solchen Qualität, Menge und Form vorkommen und für wirtschaftliche Extraktionen verwendet werden könnten.

Mineralische Ressourcen unterstützen die Wirtschaft jener Nationen, die sie besitzen.

Ja, Nigeria hat alles, was es braucht, um die gesamte Nation wirtschaftlich zu füttern um allen ein gutes Leben in Sicherheit und mit perspektiver Zukunft zu bieten.

Stattdessen haben wir uns entschlossen, einige davon reich zu machen, während so viele nach einem Tagesgericht betteln müssen.

Nigeria besitzt Erdöl und Erdgas, dies wurde 1959 entdeckt, Kohle (1909) bei Enugu, Bitumen, Eisenerz, Gips, Gold, Talk, Blei und Zink, Sonnenlicht, fruchtbares Land, alles sind Ressourcen, die raffiniert verkauft und in die Wirtschaft reinvestiert werden sollen.

Leider war Nigeria seit der Unabhängigkeit 1960 mit einer Reihe von Staatsstreichen konfrontiert, dem Bürgerkrieg von 1967, der drei Jahre dauerte.

Damit war Nigeria ein Jahrzehnt zurückgeworfen worden, aber haben wir etwas aus der Geschichte gelernt?

Betrachtet man den Stand der Dinge, wird man leider erkennen müssen und man muss es auch so sagen; nicht sehr wahrscheinlich.

Denn verändern heißt auch gelernt zu haben.

Gelernt heißt auch verbessern und nicht alte fehler verfeinern.

Es ist bekannt, dass 1979 eine neue Verfassung geboren wurde, aber wie weit sind wir geschützt?

Werden wir von schlechten Führern geplagt und verflucht?

Diese Plage setzte sich mit Staatsstreich, Korruption und Unglück fort die Nigeria ein weiteres Jahrzehnt zurückversetzt hat. Wir sitzen alle im selben Boot und weinen um unser geliebtes Land.

Wir hoffen auf ein großartiges Land für unsere zukünftige Generation.

Wir sind mit so viel gesegnet, aber aus bestimmten Gründen sind wir beschränkt und verwenden nur Erdöl und andere Erdgase, die 1959 in Oloibiri, Bayelsa, als einzige Einnahmequelle entdeckt wurden. Berichten zufolge sollen täglich 2,5 Millionen Barrel Rohöl gefördert werden. Die Gasreserve soll 160 Billionen Kubikmeter betragen. Vergessen Sie nicht, dass Nigeria Mitglied der OPEC ist.

Acht Bundesländer Nigerias sind als Ölproduzenten bekannt, nämlich; Nigerdelta, Akwa Ibom, Ondo, Abia und Imo State, viele Bundesländer werden in letzter Zeit entdeckt.

Was ist mit unseren Ressourcen passiert? Und warum sieht es für uns alle so schlecht aus?

Wir sind ein Riese Afrikas mit vier Raffinerien, die unsere Ölprodukte verarbeiten und veredeln könnten, aber das ist nicht der Fall, wir leiden weiterhin unter dieser großen Herausforderung.

Ja, wir haben vier Raffinerien!

Was ist mehr, was ist schief gelaufen?

Alle Raffinerien funktionieren nicht. Wie wäre es mit den beiden in River States? in Warri und Kaduna?

Mmhhhh! Man wird sagen, wir sind wirklich in Not.

Wer kann also unser David sein?

Diese Fragen tauchten immer wieder bei mir auf. Ich hatte wie jeder andere Nigerianer mit diesem Gedanken gekämpft.

Aber die Gedanken und Qualen wurden während der Wahlen 2019 schlimmer. Mein Herz würde Pläne schmieden, versuchen, ein schönes Nigeria auszudenken und sich dies vorzustellen.

Ich würde Pläne in meinem Kopf zeichnen, wie mein geliebtes Land aussehen soll,

Ja, ich träumte Träume, die meine Welt mit wunderschönen Regenbogenfarben färbten.

Wie sollte mein Land Nigeria aussehen?

Ich sehe mein Traumland, vorgestellt, als ich die Ecke hinunterging, in der wir lebten. Die Fragen kamen mir immer wieder in den Sinn;

Und ich frage mich, warum machen wir keine Fortschritte?

Wie auch immer, warum habe ich immer noch schlaflose Nächte und Panik, wenn ich zu Hause anrufe und an zu Hause denke?

Warum sind wir in allen Bereichen stagniert?

Sind wir wirklich festgefahren, gestapelt und stehen still?

Nigeria hat überall Bodenschätze, die verborgen und begraben sind, und dennoch geraten wir nicht vollständig aus unseren Ketten.

In allen 56 Staaten Afrikas hätte ich auf alles gewettet, um ein Traumland und Felder voller Reichtümer zu haben.

Ich weiß nicht, wie du mit deiner Einsamkeit und den Schmerzen deiner Wurzeln kämpfst und kämpfst,

Ich bekämpfe meine Schmerzen mit meinem Schreiben,

Wie ist es mit dir, wie sieht es aus, Enttäuschungen zu bekämpfen?

Wie sieht es aus, wenn man enttäuschte Hoffnungen bekämpft?

Wo ist die Hoffnung, der Kampf und die Überzeugungen, die wir von unseren Vorfahren kennen?

Wir glauben, wir hätten uns alle durchbringen sollen.

Sogar angesichts der Sorgen und schlechte Regierungsführung.

Wie reibungslos wäre es gewesen für uns alle Kinder Afrikas, die reich und arm sind, unser geliebtes Land zu betrachten.

Wie schön hätten wir gesprochen,
Und rezitiere unsere Hymnen,
Und lobe unsere Köpfe,
Ich verlor den Schlaf und hatte Kopfschmerzen,
Wir denken darüber nach, was wir alle tun
können, um unser untergegangenes Land
wiederherzustellen.
Ich habe mein Herz verloren,
und verlor meine Kraft,
Wunderbar auch bei Tageslicht.

Ich wiederholte diese Frage immer und immer
wieder in meinem Kopf

Als ich nach Antworten für mich suchte,
Ich verzweifle und weine um mein Land,
Mein Land in Verzweiflung.
Ich werde nie so bald eine Antwort erwarten,
Aber ich werde es nie versäumen, mich täglich
daran zu erinnern,
Dass Gott noch Pläne für uns hat,
Ich warf meine Sorgen und Sorgen in Gott
Ich bezweifle nicht, dass Gott uns retten wird.
Irgendwann bald!

Nigeria hat so viele unerforschte Ressourcen. Wir kaufen aus anderen Ländern, anstatt zu

erkunden, was wir auf unserem heimischen Boden haben. Ich finde es schwer zu verstehen; Ich kenn dich nicht wirklich. Wir sind alle schuld an dem Untergang und dem Verfall des Landes, das so reich sein könnte. Mehr noch die Politiker und die Reichen unseres Mutterlandes. Diese Gedanken und Fragen sind meine Art, mit der Wahlsaga umzugehen.

Haben wir nicht Weisheit gelernt?

Weißt du was wir falsch machen?

Wir machen unser Mutterland falsch.

Wir streichen unseren Boden rot an.

Im Gefolge einer weiteren Wahl leiden die Schwachen, die wenigen Ehrlichen werden gehasst und die Wahrheit verschwimmt, unterdrückt.

Wir alle hören falschen Predigern zu.

Die Unterdrückten werden mit den Armen verschmolzen, und die Augen sind verbunden und einfache Gesetze werden von Gesetzgebern vereitelt, die Gesetze nur zu ihrem Vorteil erlassen.

Ich bin verwirrt.

Während ich nach Antworten auf die vielen "Warum in meinem Kopf" suche.

Warum das und warum das?

Das waren viele Gründe, die mein Denken verwirrten. Zuvor und jetzt.

JA, UNSERE WURZELN, UNSERE KETTEN

Die Quelle unserer Freude,
Die Heimat der Hoffnung und der Zuflucht,
Und jetzt unsere Kette.

Die Schmerzen, die wir durchmachen,
die Zweifel, das Haus zu verlassen,

Wo wir aufgewachsen sind,
ein vertrauter Ort,
wo Liebe und Familie im Mittelpunkt stehen,
Wo wir teilen,
Wo wir lächeln, lachen und uns freuen und zusammen weinen,

Wo man sich sicher fühlt, umgeben von Liebe,
Kultur und Schönheit,
ein Süßer Ort zu sein,
Wenn es zu Hause aufbewahrt wird,
Wo kein Bruder verrät, betrügt und erpresst,

Sie könnten alles geben, um zu Hause zu sein,
Ja, diesen Ort nennen wir zu Hause,

Wir konnten laufen und keine Angst haben,
Wo alles begann,
Und wo nun unser Schmerz liegt,

Unsere Wurzeln, unsere Freude und unsere Schmerzen.

Ich möchte hier nur zum Ausdruck bringen, dass unsere Wurzeln, unsere Heimat, unsere Länder, unsere Schmerzen. Dieser Ort, den wir als Zuhause bezeichnen, ist für viele von uns kein Zuhause mehr.

Wir alle fragen uns, auf der Suche nach einem Ort, an dem wir unsere Schmerzen hinter uns lassen und uns auf ein neues Zuhause freuen können. Ein neues Zuhause, das nie einfach zu nennen ist "Zuhause".

Das wird voller Fremder sein, unterschiedlicher Kultur, Einstellung und Normen.

Ein Haus, in dem man zuerst als Eindringling gesehen wird, als jemand, der Jobs stiehlt und Chaos anrichtet. Überall, wo wir hingehen, werden wir zunächst mit "Vorsichtigen Warnungen" behandelt.

Ich erzähle den Leuten immer gern, woher ich mit Stolz komme, aber machen uns unsere Wurzeln stolz oder haben wir unsere Wurzeln verfehlt und in Ketten gelegt!

WENN DER URSPRUNG ZUM SPEICHER WIRD.

"Zuhause ist diese jugendliche Region, in der ein Kind der einzig wirklich lebende Bewohner ist. Eltern, Geschwister und Nachbarn sind mysteriöse Erscheinungen, die kommen, gehen und seltsame, unergründliche Dinge in und um das Kind tun."

- Maya Angelou.

Wie das alte Sprichwort sagt, sind die beiden Gaben, die wir unseren Kindern geben sollten, unsere Wurzeln und Flügel. Die Wurzeln werden ihnen helfen, dort zu bleiben, wo sie herkommen, und die Flügel werden ihnen helfen, zu fliegen und die Komplikationen des Lebens zu meistern, während sie wachsen.

Das Schlimmste ist, wenn es zu schwierig wird, Ihre Kinder nach Hause zu bringen. Unsere Wurzel ist alles, was wir haben. Für mich ist nichts mit unserer Wurzel zu vergleichen, es ist heilig, eine schöne Hochburg, um die Zukunft aufzubauen und Identität zu verleihen, vollständig vertreten zu sein und die Geschichte in Erinnerung zu rufen.

Was auch immer die Narben unserer Wurzeln sind,
die Kämpfe und die Schmerzen.
Sein Adel bleibt,

Wir können so tun und gehen, als ob nichts passiert ist,
Wurzeln sind Anker,
Sehr einzigartig,
Und bildet den Halt unseres Erbes.

Das gibt die Grundlage und verzweigt sich
Wir können vorgeben, nicht mehr von seinem Wert
zu wissen,
Wir können vergessen, was es für uns hält,
Und zerstöre in Gier alles, was wir Wurzel nennen,

Wo möchten wir sonst noch umherziehen?
selbst wenn du weit, weit weg rennst,
jeder Gedanke wird dich nach Hause führen,
Zuhause, wo alles begann,
Und wo wir alle hoffen zu enden!

Wir hoffen, unsere Kinder nach Hause zu bringen, zurück zu der Wurzel, in der wir zu Hause und Herkunft nennen.

Es geht nicht nur darum, ins Ausland zu gehen und sich dort niederzulassen.

Ja, Sie können überall zu Hause nennen. Aber wir werden uns immer nach Hause sehnen, wo unsere Herzen liegen.

Wir stecken in unserer angeschlagenen Nation fest, unserer bedauernswerten und korrupten Nation, der wir uns alle schuldig machen.

Wir sind erstickt und hängen, eingetaucht in unsere Ketten. Wir sind beschmutzt und unfähig von der Gier, zu wollen, zu erwerben und nicht gleichmäßig zu verteilen.

Sind wir überrascht, dass unsere Nation krank ist?

Um zu sehen das alle Grundlagen von zu Hause weglaufen.

Es ist keine Überraschung dass China so stark und Massiv in unser Land hereinkommt.

Unsere Führer verkaufen die Überreste und führen politische Kriege.

Eine Bühne des Dramas,

Ein Spiel des Thrones,

Überleben der Stärksten.

Korruption steht unserer nationalen Integration im Wege, ein Mangel an Machtkampf, der von wenigen Reichen bewässert und von Macht angeheizt wird

Wer wird die Katze retten?

DAS VERLANGEN, ZU HAUSE ZU SEIN

Man sollte nicht von zu Hause weg sein,

man sollte da sein, um zu jubeln und zu teilen.

Aber mit wem teilt man seine Gedanken?

Ich hätte um alles gewettet, als ich in einem abgelegenen Dorf in Mbaise aufwuchs, dass ich alles geben würde, um dort alt zu werden.

Obwohl ich vor langer Zeit mein Zuhause verlassen habe, ist mein Herz in Nigeria. Ich trage meine Identität, wohin ich auch gehe.

In meinem Herzen bin ich nie wirklich von zu Hause weggegangen.

Ich liebe meinen Geburtsort; Ich bin mir jedoch nicht sicher, wie es war, als ich dort lebte.

Eine Frage dazu beschäftigt mich immer und immer wieder;

"kann es jemals wieder so werden wie mir immer erzählt wurde ?"

Wir hatten damals nie genug, aber wir hatten ein echtes Zuhause - warm, mit Liebe und natürlicher Schönheit bemalt. Wenn man einen Ort als Zuhause bezeichnet, bedeutet dies Schutz von allen Arten, Stürmen und Nöten - vor allen Übeln, Gefahren und Einschüchterungen.

Heute ist etwas los, eine Art Gefühl, das ich mit Ihnen teilen möchte. Ich bin ehrlich und schreibe dies, weil ich mein Zuhause liebe. Deshalb schreibe ich mein Gefühl auf, um mit der Nostalgie umzugehen, die mit diesen seltsamen Gefühlen einhergeht.

PLÖTZLICH EIN FREMDER

Wir wurden plötzlich Fremde in unseren Häusern,
Wir drehten uns plötzlich um,
Vielleicht werden wir nie unsere Wurzel haben
so wie wir es kennen,
Dinge haben sich geändert,
Veränderung verändert und verändert.

Einige Städte sehen aus wie Geisterstädte,
Wie manche Gesichter sagen,
In der Vergangenheit hoffte man,
Gegenwärtig herrscht Verzweiflung,
Resignation, Müdigkeit und Erschöpfung,

Ja, die Gesichter sagen alles,
Das Aroma veränderte sich
und die Luft ist verschmutzt.
Die Freiheit hörte auf.

Und die Augen sind ständig rot, da die Menschen nicht mehr die gleichen sind und selbst Dinge, die sehr normal waren, sind nicht mehr die gleichen.

Was hat sich verändert?

Vieles hat sich verändert, die Menschen, das Denken, die Führer. In der Tat hat sich alles verändert und Sie haben plötzlich diese seltsamen Gefühle dass es nie wieder dasselbe ist oder wird.

Oft versuche ich, dieses Gefühl, dieses melancholische Gefühl loszuwerden und meine Gedanken über die Vergangenheit und Hoffnungen zu vertiefen.

Beginnen wir mit der Suche nach einem Zuhause, wenn wir glauben, bereits eines zu haben?

In der Vergangenheit hat das Heimkommen Spaß gemacht und die Welt schöner gemacht. Aber heute nach Hause zu kommen ist seltsam, weil diese Gefühle nicht mehr vorhanden sind.

Jeder ist plötzlich seltsam geworden.

Diejenigen im Ausland sind aufgewacht.

realisiere ... ehhhh!

Sie können nicht einmal ohne Schutz nach Hause gehen!

Die engsten Person scheinen plötzlich seltsam.

Wenn Sie Ihrer Wurzel nicht vertrauen können, wo sonst können Sie sicher sein?

Es ist wie eine Verschwörung der Zeit,

die unsere Gedanken und unser Vertrauen in Teile brechen.

Das System wird uns melken, man melkt uns ohne Gewissen.

Haba ... Ist alles Not und Härte?

Die Not, die uns unserer Unschuld beraubt und uns brutal gegeneinander antreten lässt.

Die Not hat uns die Gefühle von Vertrauen, Liebe, Aufrichtigkeit und Weisheit genommen.

Können wir wieder zusammenhalten? Und unsere Kämpfe gemeinsam bekämpfen und unser schönes Land wieder zu seiner natürlichen Schönheit bringen?

Unsere Vorfahren haben es zusammen geschafft.

Zusammengeklebt wird die sogenante Hüterrolle des Bruders gespielt

Mhhhhhh!

Können wir?

Ich habe mich gefragt!

Zusammenkleben?

Sollen wir?

Welches Bedürfnis, welchen Nutzen!

In einer Zeit, die sich hasst. Das spricht Lügen und verbreitet Gerüchte. Weisheit ist uns entgangen, Zusammengehörigkeit hat uns verlassen.

Alles, was wir haben, ist der Schatten der Vergangenheit, die Erinnerung, die verweilte,

Schreien um uns herum, in der Nähe und nicht wieder erreichbar!

Leider sind alle plötzlich seltsam geworden.

"Und plötzlich sind wir seltsam in einer neu entstandenen seltsamen Wurzel".

Kapitel 2:

Unser Anker

WO KÖNNEN WIR ZUHAUSE NENNEN?

*"Ich glaube, dass man niemals das Haus verlas-
sen kann. Ich glaube, dass man die Schatten, die
Träume, die Ängste und die Drachen des Hauses
unter der Haut, an den äußersten Augenwinkeln
und möglicherweise im Ohrläppchen trägt."*

- Maya Angelou.

Ja, wie Maya Angelou es richtig ausgedrückt
hat, wir alle tragen unsere Häuser, wohin
wir auch gehen, egal wie lange wir unsere
ursprünglichen Häuser verlassen haben.

Wir sollten ein Zuhause haben, zu dem wir rennen können, wenn andere Häuser für uns nicht mehr zu Hause sind, kurz gesagt, wenn wir kein Zuhause mehr haben, sollten wir in der Lage sein, nach Hause zu jenem Ort zu rennen, den wir unsere Wurzel nennen, unser Zuhause.

Aber können wir einfach nach Hause laufen!

Überall kann man zu Hause sein, aber nichts wird so zu Hause sein wie dort, wo man angefangen, geboren und aufgewachsen ist.

Sie mögen alle Schönheiten in Ihrem neuen Zuhause haben, aber Sie werden eines Tages feststellen, dass Sie jeder Gedanke an Zuhause in diesem liebevollen Herzen auseinander reißt.

Ich bin traurig, gebrochen von Gedanken und Gebeten, mit meiner vollständigen Liste dessen, was ich Gott vorgelegt habe.

Gott tue das für mich, helfe meinem Zuhause, mache es wieder zu einem Zuhause, mache mein Vaterland, meine Wurzel wieder lebenswert.

Mein Instinkt erzählt mir immer von zu Hause.

Ich schreie und lege meine Hand um meinen Kontinent, meine Nation, ich schaue zu Gott auf und frage; Warum ist alles schief gelaufen?

Bitte Gott?

Mein schönes Land, mein Stolz.

NOSTALGISCHE GEFÜHLE

Ich vermisse meine Leute, alles was ich zu Hause gelassen habe.

Ich liebe mein Land. Wer wird uns erlösen?

Wer wird unser Moses, Aaron, David, Josua usw. sein?

Alle sind in dieser Zeit verzweifelt, verzweifelt nach allem anderen als Veränderung.

Verzweifelt das Unmögliche zu suchen; ohne Gebete ?

In dieser schwierigen Zeit sollte es unsere Verzweiflung sein, positive Veränderungen herbeizuführen. Mit Gott für das Erreichen des Unmöglichen.

Alles scheint schief gelaufen zu sein, so ziemlich falsch, aber lasst uns trotzdem den Himmel mit unseren Liedern und Gebeten erschüttern, denn Gottes Werke sind perfekt. Er wird in diesen schwierigen Zeiten mit Sicherheit unter uns sein.

Wir können nicht ohne echte Gebete davonkommen, wir können nicht einfach hinausgehen, ohne dass er uns führt! Nur er kann retten! Sein Tag wird bestimmt kommen.

SORGLOSIGKEIT

Wenn es sie nicht interessiert, interessiert es uns.
Wenn sie nicht wollen,
Wir kümmern uns, wir wollen,

Wenn sie keine Liebe predigen,
Wir tun
Wenn sie uns nicht zum Stehen bringen können,
Wir stehen,
Wenn sie versuchen, uns zu zerstören,
Wir widerstehen,
Wann wollen sie uns entwurzeln?
Wir widerstehen,
Wenn es so schwer wird.
Wir arbeiten härter

Interessieren sie sich,
Nein tun sie nicht
Wir tun
Weil wir uns kümmern?

Es ist Ihnen egal; Wenn sie dies tun, werden sie Führung nicht mit Emotionen mischen.

Sie würden alle gleich behandeln, unabhängig von Geschlecht, Religion, Stamm, Sprache und so weiter.

Interessieren sie sich?

Wenn sie das taten, würden wir ein anderes Lied singen

und unsere Wurzeln lieben und gießen,
Wir würden alles heilig behandeln,
und unser Land nicht in ein metaphorisches Schlachtfeld verwandeln

das unsere Heimat davonläuft, ertrinken, geschlachtet, verkauft und misshandelt wird.
Misshandelt und verprügelt.
Auf der Suche nach dem, woran sie glauben.

Mädchen, Frauen, Jungen und Männer würden respektiert.
Tiere würden nicht den Platz des Menschen einnehmen.
Ja, wenn es uns alle interessiert,
Zuhause wird Zuhause sein,
und kein gruseliger Ort,
es wird ein Ort für alle sein,
egal wo du hingehörst,
egal zu welcher Jahreszeit.
Ich würde meine Tasche abholen.

Zieh meine Kinder an und nimm sie mit nach Hause.

Niemand würde mich belästigen,
und niemand würde mich erschrecken,
es wird kein imaginäres Zuhause sein,

Im Kopf gemacht,
es wird real bleiben,
und nicht eine imaginäre Existenz.
Alles wird voller Liebe sein,

lächelnde gesichter,
und nicht Männer mit Waffen,
ja, die Männer der Unterwelt
warten um zu streiken,

Interessieren sie sich?
Ich weiß nicht, ob es sie interessiert
Wenn sie es tun,
Sie hätten ein gutes Gewissen gezeigt,
Sprach die Wahrheit und nannte einen Spaten
einen Spaten,
Interessiert es die Welt?
Bin nicht sicher, ob sie es tut,

Andernfalls würde ihr Spiegel nichts als die
Wahrheit widerspiegeln,
Sie sehen, kümmert es sie !

Nein, sie sorgen für ihre Gewinne,
sie kümmern sich um ihre Gewinne,
Sie wollen uns nehmen und verlassen.
Wissen Sie, wo viele der Ressourcen ihren Weg
finden?
Europa, Amerika oder Asien. Auch das Geld aus
dem Reichtum aller findet seinen Weg in die Hand
weniger korrupter Politiker,

und die armen Massen müssen um einen Dollar pro Tag kämpfen.

Siehst du? Es ist ihnen egal.

Alle Staaten sind pleite,
Afrika lebt in Schulden,
Aber kümmert es sie?
Sie sehen, niemand kümmert sich.
Warum kümmern wir uns nicht um uns?

Denn wenn wir Gott wirklich vertrauen.
Die richtigen Dinge tun, die richtigen Knöpfe drücken!
Stelle dich der Realität und entferne Gefühle.
Gott wird den Ressourcenfluch beseitigen.
Das Paradoxon der Fülle wird auf den Kopf gestellt
und genutzt werden,
und alles wird wieder in Ordnung sein,
und wir werden alle wieder glücklich sein,

Nur wenn wir treu werden und unsere Werke mit
Fairness richtig machen,

predige die gute Nachricht und tue den guten Teil und liebe unsere Nachbarn, wenn Pastoren und Ordinierte es richtig machen, werden wir alle es perfekt machen und Gott wird uns von innen heraus reinigen (Matthäus 5,48).

DEINE VERZWEIFLUNG

16. Februar 2019 Ta g der Wahlen

Ich liebe das Buch der Sprichwörter in der Heiligen Bibel

Der Fall von Salomos Geschichte als weises Kind, der die Freude widerspiegelt, ein gutes Kind zu sein, von dem behauptet wird, es sei der Stolz einer Familie, und ein schlechtes Kind wird als Schande empfunden.

Unsere Führer sind unser Stolz, wenn sie gut führen. Niemand sollte schlecht führen, damit Sie Ihr geliebtes Land nicht für Schätze beschämen, die sich in Gier ansammeln, die niemals Bestand haben, und am Ende für Trauer sorgen.

Der beste Weg nach vorne ist, als Führer die richtigen Dinge zu tun, denn es ist gut, wenn Führer positive Befehle ausführen, die ein Land nach vorne bringen und die Dinge an den richtigen Platz bringen.

Was bringt es, wenn wir als Nation unserer geliebten Nation Unrecht tun, das Land leidet und die Heimat gefesselt, eingesperrt und hoffnungslos wird.

Warum können die Führungskräfte dann nicht das Richtige tun?

Und lassen Sie ihre Leute gute Führung genießen.

Dies ist für jede Nation, für meinen geliebten Kontinent, eine so schöne Sache, wie ich mir wünsche,

dass wir erkennen, dass „wenn der Sturm vorbei ist,
die Gottlosen nicht mehr sind, sondern die Aufrech-
ten für immer fest stehen" (Sprichwort 10: 25).

Ich liebe Afrika. Ich bin so stolz und leidenschaftlich über Afrika.

Wer wird nicht stolz auf eine schöne Wurzel und
Farbe sein?

Das hat viele Intellektuelle und gute Leute
genährt.

Ich bin Deutschland dankbar dass es mir den
Stand gibt, der ich sein soll.

Dafür dass du mir ein Zuhause und eine
Unterkunft gegeben hast.

Für Afrika, Nigeria, bin ich immer dankbar für
die Wurzel, die ich teile und dafür dass ich das
bekomme, was mir niemals genommen werden
kann.

Wir alle hier draußen kamen von irgendwoher.
Wir hassen unsere Wurzeln nicht. wir beten nur für
unsere wurzeln. Wir alle leiden unter den Wunden,
die uns unsere Wurzeln zufügen. Ich liebe meine
Wurzel so sehr, wie ich von Zeit zu Zeit leide, die
Schmerzen, meine Wurzel degenerieren zu sehen.

Eines der schwierigsten Dinge für jemanden ist
es, alles hinter sich zu lassen und in ein sehr selt-
sames Land zu kommen, in dem weder die Kultur
noch die Sprache ähnlich aussehen. Wo alles neu

erscheint und wo auch immer die Jahre verbracht werden, bleiben Sie ein Fremder.

Mit diesem Gedanken gehe ich alleine meine Gasse entlang, nur um den Bäumen beim Singen zuzuhören.

BÄUME SINGEN

Ich gehe meine Spur alleine,
beobachtet man die Bäume in alle Richtungen
schwingen,
wie der Wind sie herumschiebt,
ich versuche zu hören, ob die Bäume singen,
Ja, das tun sie,
geh einfach alleine,
hört man den Bäumen zu, wie sie im Wind
schwingen
ihre Blätter verraten Geheimnisse.

Einfach zuhören,
wie ihre Rinde Lieder vergangener Tage singt,
mit ihren Stämmen, die herumwachsen.
Ihre Wurzeln geben Ankerlose Namen,
das gleiche Lied,
diese gleiche Wurzel, unsere Wurzel,
singt,
Hört man zu wie unsere Wurzeln singen,
sie weinen und schreien vor Schmerzen.

Ja, unsere Wurzel, unsere Ketten,
unsere Mutter Nigeria schreit vor Schmerzen,
weil wir unsere Kinder in Ketten und im Exil sehen.

Ja, sie hat Schmerzen.
Hören Sie zu, unsere Wurzeln sind Schmerzen,
und wir sind alle in Ketten.

In uns allen steckt diese Liebe zu unseren Wurzeln, die uns die Gefühle geben, wer wir sind.

Ich wünsche mir, dass in Nigeria alles gut läuft. Wir haben eine schöne Kultur, schöne Menschen und eine gesegnete Nation. Aber was ist los?

Ich weiß, dass die Wahlen in Afrika, insbesondere in Nigeria, uns einen Albtraum bescheren, obwohl uns diese Wahl im Jahr 2019 die größte Angst unseres Lebens bereitet hat.

Ich erinnere mich an den 15. Februar 2019, gegen 2 Uhr morgens, ich war im Nachtdienst als Krankenschwester, ich hatte plötzlich diese Nachricht vom FB, dem INEC-Vorsitzenden, und berichtete, dass die Präsidentschaftswahlen nicht wieder stattfinden würden.

Meine Güte! Ich habe versucht, nach Hause zu gelangen, konnte aber niemanden dazu bringen, die Nachricht zu bestätigen. Gleichzeitig spürte ich, wie diese Panik mich erfasste.

Ich hatte große Angst, weil ich genau wie alle anderen Nigerianer im In- und Ausland darüber nachdachten, was los sein könnte. Als wir dachten, die Wahlen würden kommen und gehen, kam die Nachricht dass die Wahlen verschoben wurden. Für uns bedeutet es eine weitere lange Qual mit gemischten Gefühlen zu warten. Das Ganze wurde noch verschlimmert da wir aus den sozialen Medien alle möglichen Berichte von zu Hause erhalten haben. Ich weinte um mein geliebtes Land, ich sehnte mich nach den alten Zeiten, der Zeit der Vernunft und der Ruhe in allem. Ich erinnerte mich an meine Familie. Ich erinnere mich noch an die Tage, als wir aufwuchsen. Wie glücklich wir waren und wie frei wir uns über nationale Themen fühlten.

Vielleicht gab es damals Korruption und jede Art von Diskriminierung und Verbrechen, aber wir haben ihre Stärke nicht so gespürt, wie sie heute empfunden wird. Können Sie sich vorstellen, dass die meisten von uns Angst haben, zu Hause anzurufen? Weil Sie nicht einmal wissen, was Ihnen gesagt wird. Ich habe nicht geweint, weil mein Land nicht perfekt ist.

Natürlich habe ich keine perfektion erwartet. Ich betete für mein Volk und mit Gott, um mein Volk zu retten.

Ich weinte über die Armut, die mein geliebtes Land heimgesucht hat, die Rücksichtslosigkeit unserer Jugendlichen und derjenigen, denen wir Macht anvertrauten, wie sich das Leben für viele plötzlich verändert hat.

Mein Herz brach in Tränen aus und ich bekam mehr Angst. Ich dachte sofort weiter über die Zukunft meines Plans nach, und plötzliche Angst ergriff mich."

Was werden wir unseren Kindern erzählen?

Und was hinterlassen wir ihnen?"

Ich verweilte und zog mit dieser Frage los,

Aber keine Antworten.

.

Kapitel 3:

Verpflichtete Wahlen

Letztendlich war die Nachricht, die folgte, eine Verschiebung der Wahl 2019 bis zum 23. Februar; Ich wusste nicht, ob ich weinen oder schreien sollte. Dies war nicht die Art von Nachricht, auf die die meisten von uns gehofft hatten.

Es folgte eine weitere schlaflose Nacht, Qualen und Ängste unseres Volkes zu Hause.

Es gab viele Fragen, viele Gründe für diese plötzliche Veränderung. Nun, nichts bringt uns unerwartet wieder. Wir sind Gottes Menschen; Er wird uns nicht vergessen.

Ich nahm schnell meine Bibel und wandte mich meinem tröstlichen Kapitel zu (Jesaja, Kapitel 10: 24-27).

VERTRAUEN IN GOTT

Deshalb sagt der Herr, Jahwe, Sabaoth:
Meine Leute, die in Zion leben,
Hab keine Angst vor Assyrien!
Er kann dich mit der Stange schlagen,
Er kann die Faust gegen dich erheben
(auf dem Weg von Ägypten),
aber in sehr kurzer Zeit
wird die Vergeltung ein Ende haben,
und mein Zorn wird sie zerstören. Yahweh Sabaoth
wird eine Peitsche auf ihn schwingen,
als er Midian an Oreb´s Rock traf,
wird seine Rute am Meer schwingen.

Als er die Rute auf dem Weg von Ägypten aufrichtete,
den der Tag wird kommt,
und die Last wird von deiner Schulter fallen,
und sein Joch von deinem Nacken,
und das Joch wird zerstört.

Sie können diese Art von Gefühlen nicht verstehen, außer wenn Sie aus Nigeria sind. Ich habe die ganze Zeit über telefoniert, um zu erfahren dass die Wahlen gut verlaufen sind.

Gegen Abend erhielten wir die Nachricht dass einige Regionen in Nigeria gewalttätig wurden und Stimmabgaben verbrannt wurden. Gott, ich habe um Gnade geweint. Rette mein Land.

Meine Wurzel, ein Ort, an dem ich geboren und aufgewachsen bin. Ich ließ mich zum Gebet nieder und ermunterte alle weiterzumachen.Wir ließen uns auf die Knie und wir machten ein gemeinsames Gebet.

Wir hörten dass Soldaten für alle Dörfer bestimmt waren, auch für mein Dorf, das früher heilig und ohne Gewalt war. Ich fing an, am Tag der angeblichen Wahl ab 17 Uhr anzurufen, um von denen in meiner Nähe zu hören dass alles gut war.

Alle Nummern, die ich gewählt habe, klingelten aber niemand war erreichbar. Ich begann Nachrichten an unsere WhatsApp-Gruppe zu senden, um zu hören dass alles in Ordnung war.

Hier bin ich, es ist 22.30 Uhr. Ich erhielt eine kurze Nachricht, dass einige Gebiete sehr gewalttätig wurden und andere friedlich verliefen. APC (All Progressive Congress) berichtete, dass einige politische Parteien Menschen einschüchtern und Wählerausweise verbrennen. Diese Nachricht

verbreitete sich in den sozialen Medien wie ein
Lauffeuer. Zum Beispiel wurden in einigen Teilen
von Lagos Konflikte gemeldet. Diese Art von
Nachrichten machte mich krank und gelähmt in
meinen Gedanken. Wir brauchen Gottes Eingriffe.
Ich betete und betete und es war dieser besorgniserregende Gedanke, der dazu führte, dass ich dieses
Buch schrieb. Ich schrieb meine Ängste nieder, um
sie Gott zu präsentieren, der die Israeliten gerettet
hatte. Mein Wunsch und meine Hoffnung ist das
ein Retter von Gott gesandt wird.

Ich ging zurück, um meine Bibel zu lesen, das
alte Testament. Die Bewegung der Israeliten in
Ägypten im Exodus habe ich immer wieder gelesen.
Beginnend mit der Zeit der Israeliten in Ägypten,
dem Wohlstand der Hebräer, ihrer Unterdrück-
ung, der Geburt von Moses, seiner Flucht in das
Land Midian, bis er ging, um seine Verwandten als
Erwachsene zu sehen.

Moses vergaß nicht die Tatsache, dass er ein
Fremder in Midian war. Ja, Gott erinnerte sich
an Israel, hörte ihr Stöhnen und erinnerte sich an
seinen Bund mit Abraham, Isaak und Jakob.

Ja, als Gott Moses auf diese Mission sandte, sagte
er ihm nie, dass es eine leichte Reise werden würde.

Die Israeliten auf ihrer Seite machten Moses das
Leben nicht leicht. Da der Pharao hartnäckig war,
wollte er seine Macht zeigen.

Am Ende sangen Moses und die Israeliten das Siegeslied.

Gott, du bist die Stärke der Unterdrückten,
Die Stimme der Stimmlosen,
Vater der Waisen.

Du bist der Gott von Nigeria,
Wir werden leben, um dich anzubeten.
Heilig ist dein Name Herr,
Höre die Schreie deiner Kinder.

Löse Nigeria ein und rette sie vor Anarchie und Chaos.
Wir haben gesündigt,
Aber du allein bist unsere Zuflucht, unser Helfer.
Denn nur du sollst die Nigerianer erlösen
Amen.

DER MACHTKAMPF

Ist es eine Wahl der Trauer und Blutvergießen?

Warum kämpfen wir immer um die Macht?

Die Wahlen in Nigeria sind immer sehr gewalttätig. Ich bin schockiert zu hören, dass etwa 73 Kandidaten um den Sitz der Präsidentschaft kämpften. Das ist nicht normal. Präsident Buhari und PDP Atiku hatten bessere Gewinnchancen und ihre Partei dominierte. Die Demokratische Volkspartei

(PDP) und die All Progressive Party (APC) waren am stärksten.

Ich habe gehört, dass Parteien in Kampagnen nicht die besten Freunde waren, weil jeder gewinnen wollte, aber diesmal ging es darüber hinaus, das ist keine Reife um an die Mach tzu kommen oder bleiben.

Die meisten Nigerianer leben in bitterer Armut. Viele müssen nur um eine schlechte Mahlzeit pro Tag kämpfen. Wenn man krank ist und kein Geld hat, ist das die Todesstrafe.

Dazu noch die Boko Haram im Norden und Nigerianer rennen weg, um entweder auf dem Weg nach Europa durch Libyen zu sterben, wo sie misshandelt, verkauft und gefoltert werden. Einige gehen das Risiko ein mit dem Boot über das Mittelmeer zu fahren, und der Gefahr ausgesetzt zu sein zu sterben. Nur sehr wenige von ihnen haben es in einen Teil Europas geschafft. Es geht nicht nur darum, nach Europa zu kommen. Es geht darum, vor Gefahr, Hunger und Armut davonzulaufen, die unsere Wurzeln zerstört haben.

Stellen Sie sich vor, unsere Jugendlichen wären aufgrund unserer gebrochenen Wurzeln in verschiedene Verbrechen verwickelt. Versäumen Sie nicht, den Menschen Flügel zu verleihen und ihnen das Fliegen beizubringen.

Wie ist das zu erklären?

Viele afrikanische Länder blicken auf Nigeria, aber was haben wir als Gegenleistung zu bieten?

Ehrlich gesagt weiß ich nicht, welches Regime besser ist und wann eine Nation wie Nigeria Gefühle überwinden kann. Ist Nigeria ein Mythos, ein Schatten von sich selbst? - Was ist mit meinem Land schief gelaufen, sind all unsere vergangenen Erfolge dahin?

Wer wird uns retten?

Die Mehrheit der Nigerianer leidet, und wir setzen nur auf Hoffnungen. Sie wissen, die Frage ist nicht, wer oder was? Aber seien wir ehrlich, ich habe erwartet dass die jungen Politiker sich von den alten leiten lassen sollten. Es ist notwendig, die jungen auch wachsen zu lassen und neue Innovationen und Visionen zu bringen und etwas Neues auszuprobieren.

Es geht nicht nur darum, Muslim oder Christ zu sein. Wir sollten vergessen, welche Religion als Führer gewählt wird. vielmehr sollten wir beten, einen Führer zu haben mit Weitblick und in der Lage, uns aus Ägypten zu führen und uns in dieses verheißungsvolle Land Nigeria zu bringen. J

Ja, die beiden Kandidaten haben in der Vergangenheit unterschiedlich gedient - Präsident Buhari (76), ein Muslim aus Daura Niger im Norden, nachdem er 1983 beim Militär gewesen war und dort Brigadier Idiaghon als Vize assistiert hatte. Der verstorbene Brigadier Idiagbon, der den Nigerianern ein Gefühl der Disziplin verlieh, kämpfte gegen Korruption, und man hätte sagen können, das sei gut für Nigeria, bis Babangida plötzlich einen stillen Staatsstreich übernahm.

Die Fragen an uns sind:

Wer wird uns führen?

Wer wird dieser Moses, Aaron oder Josua sein?

Wenn wir Nigerianer die Stimmung beiseite lassen und uns überlegen, ob wir wieder auf dem richtigen Weg sind, ist Nigeria zu groß, zu bevölkert und man kann sagen, dass Atiku von 1999 bis 2007 Vizepräsident war.

Kann er liefern, wenn er gewählt wird?

Nigerianer sind skeptisch und misstrauisch

Bei allen Parteien, egal wer jetzt dran kommt, ist es mitlerweile so dass die Mehrheit der Nigerianer einfach müde sind. Nigerianer sind verzweifelt, müde und haben nicht mehr viel von einer anderen Alternative übrig. Werden die Nigerianer akzeptieren, die Selbstsucht beiseite zu lassen, um das verlorene Image unseres Landes wieder herzustellen?

Ich bin wirklich traurig über das Schicksal unserer jungen Generation, über die Tatsache dass unsere Jugendlichen nur verschwenden, ohne dass eine Perspektive in Sicht ist. Ich habe den Artikel von Funmi Hammed (6. Juni 2018) über Nigerian Youth and Possible Solutions (Nigerianische Jugend und mögliche Lösungen)gelesen, in dem versucht wurde, die Probleme der Jugendlichen zu verstehen, und in dem Arbeitslosigkeit, Faulheit, schlechte Regierungsführung oder Korruption als Hauptprobleme angedeutet wurden.

Sie nannte Armut, mangelnde Gesundheit und viele andere Gründe. In all diesen Dingen sehe ich die Hauptprobleme unserer Jugend, schlechte Regierungsführung und Korruption, weil die anderen Probleme der Jugend auf schlechter Regierungsführung beruhen, die für die Jugend wenig übrig hat.

Bringen Sie ihnen das Fischen bei, aber die Situation lässt sie leider fliehen, den ohne nötigen Grundkenntnisse, Ausdauer und Möglichkeiten zu lernen wird kein Fisch ins Netz gehen. Das ist schlecht für jede Nation, weil der Wachstum und der Fortschritt jeder Nation darin liegt, wie die Jugendlichen geführt und vorbereitet werden. Ich denke, Nigeria braucht neue junge Köpfe, und diese Köpfe sollten jung und unverbraucht sein, voller tatendrang und mit dem unbändigen Willen ein Land zu formen ohne Korruption und Eigennutz sondern sich im Dienste der Bevölkerung stellen. Warum, warum und warum verletzen wir immer noch unsere Wurzeln?

Die Menschen sind enttäuscht und haben das Vertrauen in alles verloren. Onnoghen Chief Judge wurde laut Guardian-Bericht wegen Korruption verhaftet.

Die Verschiebung der Wahlen machte die Nigerianer wütender; Es ist schlimm, was in Nigeria passiert, man hört die Kolonialherren sagen; "wir sehen euch, Ihr könnt nicht einmal selbst regieren".

Habt ihr keine Gewissensbisse, schade, was aus dieser Nation heute geworden ist?

Soldaten sollen die Sicherheit verteidigen und gewährleisten; Sie sind nicht dazu gedacht, Gesetze zuverstrecken und selbst in die Hand zu nehmen.

Unsere Polizei heute **mmhhh!** man weiß nicht, an wen man sich zum Schutz wenden soll, dieses ist besorgniserregend und beängstigend.

UNSERE TRÄNEN

Ist es nur Wasser, das die Wangen hinunterläuft?

Es sind echte Tränen, die unkontrolliert wässern. Wie Regentropfen, die sich nicht schämen, andere Augen zu beobachten.

Ja, ich schreibe für Millionen,

Wer kann nicht offen die Tränen vergießen?
Ich bin einer von ihnen, verletzt in der Seele.
Ich weine,
Ich kann dir nicht sagen, wie sehr ich verletzt bin.

Das Zuhause verlassen,
Weg sein,
Ja! Hören von dem, was aus meiner Wurzel geworden ist,
Wenn alle unsere Nachbarn nach Hause gehen,
Sie kommen ohne Angst aus.

Wir können nicht, da keine Sicherheit zugesichert ist,
An einem Ort haben wir unsere Wurzeln,
Ja, ich bin so traurig, tief in meiner Wurzel
Ja, ich weine um mein geliebtes Nigeria,
Meine Hoffnung, mein Stolz.

Wer wird unsere Tränen verstehen?

Unsere stillen Schreie für unsere Nation,
Ja, ich weiß, die meisten werden es tun,
diejenigen, deren Wurzeln gebrochen sind wie meine.,
Diejenigen, deren Stamm, Stamm nicht mehr unterstützt.

Ihre Zweige und Blätter sind seltsam und so zerbrechlich und verwundet dass sie von ihrem eigenen Volk verletzt wurden.

Wer kämpft um die Macht und vergisst den Baum, aus dessen Wurzeln Kontinuität herrschen sollte?

Ich denke nicht, dass ich der einzige bin.
Besessen von einer Nation, von meiner Heimat,
das ist mein schönes kleines Dorf in Mbaise.
Mein Zuhause.

Ich rufe jeden Tag an,
und mein Herz bricht bei jedem Anruf.
Wir wissen gut, dass unsere Leute in Schmerzen sind,
in Ängsten und hungrig sind.
Ich frage warum ?
Ich bitte warum !

Rette mein Volk, ich murmle in Tränen.
Meine Wurzeln, mein Anker! mein Stolz.
Mein Herz ist bei meinen Leuten zu Hause,
meine Wurzeln! mein Zuhause.

Samstag, 23. Februar 2019.

Wird es wieder einen Skandal geben, eine Abstimmung über Blut und Einschüchterung?

Wir waren nicht zu Hause, aber wir haben die Ereignisse online verfolgt. Der Bericht über Anschläge in einigen Gebieten, in denen die Wähler ihren Weg finden, einen neuen Präsidenten zu wählen (Bericht von Ruth Maclean, Eromo Ejejule in Lagos und Ismail aus Maiduguri) bis zu 10.000 Naira, nur um eine Stimme zu bekommen. Sie wissen, dass die Menschen hungrig sind, aber können Sie Ihre Freiheit verkaufen?

Ich verfolgte und las ihre Berichte online, sogar bis in die frühen Morgenstunden des Sonntags. Na waoh, wann wird Nigeria den richtigen Weg lernen, das sind besorgniserregende Neuigkeiten, besonders wenn es weit weg von zu Hause ist.

Ja, Nigeria hat unter verschiedenen Führern gelitten. Ist es Pech oder Fluch, den Nigerianern zu folgen?

Lesen Sie, wie die Nigerianer entschieden haben, um jeden Preis die Macht zu übernehmen und versäumen Sie es nicht, zu sehen dass die Nation Nigeria unter Nachlässigkeiten leidet.

Was macht die INEC (Independent National Electoral Commission) und wer hat diese Sitze besetzt? Die Verschiebung der Abstimmung um 5 Stunden auf die Wahlen hat Staub aufgewirbelt

und viele Nigerianer dazu gebracht, sich zurück-
zuziehen und Fragen zu stellen.

Berichten zufolge starben in der nigerianischen
Presse Rivers State vier Menschen, Hunderte waren
auf der Flucht nach dem Angriff von Boko Haram
in Yobea und dem islamischen Staat Westafrika
(Nigerian Reporter).

Diejenigen aus Maiduguri, Borno wurde gemeldet, sind durch Schüsse eingeschüchtert worden,
obwohl von denen behauptet wurde, sie seien
keine Angriffer (The Guardian)

Was ist los und wird es jemals Frieden in Nigeria
geben?

Ist es ein Fluch? Oder Untergang?

Atiku oder Präsident Buhari, der die Pranke bal-
len wird?

Wer wird uns führen?

Werden wir der Welt und den Menschen, wie
dem ehemaligen Premierminister von Großbritan-
nien noch beweisen; dass Nigeria immer noch fan-
tastisch korrupt ist, oder?

Auch bis zu Stimmzetteln?

Und immer wieder zu dieser unaufhörlichen
Frage: "Wann werden wir lernen, die Wahrheit
zu sagen, Dinge ins Gesicht zu sehen und einen
Spaten einen Spaten nennen?

Nigeria nicht mehr mit Gefühlen und Gefühlen regieren zu müssen?

Religion und Gefühl sind keine Lösung.

Wann werden Nigeria und seine Führer eine Weile über einen durchschnittlichen armen Nigerianer nachdenken und aufhören, selbstsüchtig zu sein, und aufhören zu denken, dass Nigeria zu einer bestimmten Gruppe gehört!

Sind wir ein Land des Kampfes oder des Untergangs, das ist in meinem Kopf geblieben?

Gott hilf uns, dies zu überwinden. Der verstorbene Martin Luther King führte sein Volk mit diesem beliebten Lied an. "Wir überwinden".

Wird Nigeria jemals seine missliche Lage, seine Korruption und seinen gegenseitigen Hass überwinden können?

Führer, insbesondere afrikanische Führer, vergessen immer wieder etwas.

Wenn Sie Ihren Leuten gut dienen, werden sie Ihnen zurück dienen. Helfen Sie den Massen, sie werden es Ihnen leicht machen.

WER IST EIN FÜHRER?

"Ein Führer ist einer, der den Weg kennt, den Weg geht und den Weg zeigt."

- John C. Maxwell.

Dies ist ein wunderschönes Zitat für jeden Anführer.

Wenn Führungskräfte ihre Arbeit gut machen, lassen Sie ihre Arbeit für sich selbst sprechen. Wenn sie anfangen, realistisch zu sein, werden die Leute folgen.

Ich denke, die meisten Afrikaner glauben, ein Präsident zu sein, ist wie Trophäen zu erwerben, Titel zu erlangen und Reichtümer anzuhäufen. Das ist sehr gefährlich. Kein Wunder, dass jeder ein Führer sein möchte.

73 Präsidentschaftskandidaten lesen wir und wetteifern um den Posten des Präsidenten. Ich frage mich, was sich auf diesem Sitz befindet, auf den jeder Nigerianer seine Glieder legen möchte.

Ist das Regieren ein leichter Job? bedeutet es, nach unten und nicht nach oben zu schauen?

Wenn es so einfach ist, warum segeln andere Nationen, warum haben sie ein faires Urteil und faire Behandlung?

Mmmmmm! Aber der, der sagte dass das Unbehagen auf dem Kopf liegt, der die Krone trägt? wo sind die Köpfe!

Gilt das für uns?

Tragen sie wirklich die Krone?

Und fühlen sich nicht unwohl?

Wenn ja, wessen Krone tragen sie?

Wir haben gehört, dass Igbos in Lagos wegen der Ausübung ihres Stimmrechts gefoltert warden, und ich frage nochmal.

Sind wir eine Nation von was?

Warum sind wir so machtgierig und rücksichtslos gegenüber Nigeria, unserer geliebten Wurzel, die uns mit allem versorgt hat? Warum haben wir alle unser Gewissen verkauft und niemand denkt daran, wie verletzt unser Mutterland ist! Wie hilflos und hoffnungslos muss es den noch werden, zu beobachten, was aus ihren Kindern geworden ist, zu sehen, wie ihre Kinder in bitterer Armut leben und ohne Hoffnung auf morgen.

Welche Mutter kann diesen Schmerz ertragen,

Dieses Gefühl, deine eigenen Kinder laufen zu sehen und ihre Wurzeln in Massen zu verlassen.

Jeden Tag die Nachricht zu hören dass Ihre eigenen Kinder auf dem Weg nach Libyen in die Wüste geflüchtet sind, um dort zu sterben.

Zu hören, wie viele im Mittelmeer ums Leben kamen, als sie mit einem bloßen Schlauchboot nach Europa fuhren,

ein Boot des Todes und des Lebens.

Wie werden Sie sich als Mutter fühlen, wenn Sie in den Nachrichten erfahren, dass sich Ihre vielen Stationen auf der Flucht für ein besseres Leben in Libyen im Gefängnis befinden?

Und viele für den Organhandel getötet oder sich verkauft haben.

Im sogenannten modernen Sklavenhandel des 21. Jahrhunderts. Dass diese Toten im Massengräbern begraben sind, ohne Identität und ohne Namen auf ihren Gräbern. Sie sind in einem fernen Haus begraben. Stellen Sie sich den Gedanken allein vor,

Dass deine Kinder einsam gestorben sind. Das ist nur ein gebrochenes Herz. Wenn du eine Mutter bist, wie wirst du dich fühlen? Wenn sie gehört würde, schreit sie. Keiner von uns hört sie.

Sie hat Schmerzen und blutet. Trotzdem können wir sie nicht trösten. Nigeria diese Botschaft ist für uns alle.

Wer wird es hören?

UNSER MUTTERLAND

Du sprichst und wir hören nicht,
Sie rufen an und wir antworten nicht,
Sie befehlen, und wir gehorchen nicht,
Wie viel Glück haben wir,
dich als Mutter zu haben,
voller Ressourcen.

Genug, um alle zu füttern,
Oh! Das Land meiner Mutter,

Was haben wir getan, um deinen Zorn zu rechtfertigen?
Wir haben Ihre unausgesprochenen Wörter nicht verstanden.

Gefüllt mit mütterlichem Zeug,
und liebevolle Hände,
wir haben gemeinsam versagt,
Erbärmlich.
Lass deinen Zorn nicht zurückbleiben,
auch wenn Sie nicht sprechen,
ich fühle deine Stille,
und ich weiß, dass du trauerst,
und könnte in Tränen ausbrechen.
Wir haben das Glück, Sie zu haben,
glücklicherweise haben Sie alles, was Sie für uns erworben haben
Diese natürlichen Ressourcen,
gemeint für alle,

Ich sehe dein Gesicht verärgert, weil wir es zulassen den Reichtum zu manipulieren und kontrollieren.
Du hast dich für uns und für unsere ungeborenen Generationen angesammelt,
Jetzt sind diese Meister gegangen, haben aber immer noch Halt

Ihr Motto ist greifen,
was sie nicht bekommen können,
werden Sie durch Ihre Kinder bekommen,
weil sie gelernt haben, auch Sie zu melken.

Wirklich, wir haben Sie gemeinsam im Stich
gelassen,
Weine nicht - Verlasse uns nicht,

Mütter verlassen nie ihre Kinder - Denn ohne Sie
gibt es uns nicht.

Kapitel 4:

Warten Auf
Einen Moses

"Zuhause fängt man an."

- T.S.Eliot.

Ja, wie TS Eliot schrieb, Zuhause ist wirklich der Ort, an dem wir alle anfangen und abheben.

Ich kann nicht alles auf schreiben was ich zu Hause nenne. Meine Schwester die Künstlerin Dr. Vivian Timothy hat mich so gut darin unterstützt. In ihren Kunstwerken prägt sie sehr eindrucksvoll und mit voller Hingabe den Schmerz und das Leid unserer Nation. Dieses Buch trägt ein wunderschönes Kunstwerk von Dr. Vivian Timothy, meiner Schwester, es spiegelt unser schreiendes Mutterland wieder. Weil aus dem, was wir als Zuhause bezeichnen, wo wir angefangen haben und wo wir zu Ende gehofft haben. Heute sind wir in guten Erinnerungen was wir beide in Gemälden und in Worten ausdrücken von dem, was Heimat für uns war.

Sie sehen, wenn wir diese Nostalgie darüber verspüren, wo wir zu Hause nennen, tun wir diese Dinge, um uns am Laufen zu halten und gut über zu Hause nachzudenken.

Wie kannst du vergessen, wo deine Reise begann? Wo du das erste Licht des Lebens gesehen hast.

Warum haben wir bloß nicht früher über unsere Wurzeln nachdenken lassen, bevor diese in Selbstsucht und Gier zerstört wurde?

Zuhause, in dem wir alle im Überfluss Liebe haben, bleibt Zuhause, auch wenn es an anderem materiellen Reichtum mangelt.

Ich nenne es meine magische Heimat, weil die alten Gefühle mir Hoffnungen und gute Gefühle bringen. Ich sehne mich danach, dort zu sein, die Atmosphäre zu spüren, die kalte Brise, die Vögel, die am frühen Morgen singen, und die Krähen die uns aufwecken. Das Haus, in dem man morgens geweckt wird, um das Hof zu kehren, Feuerholz zu machen und sich für die Schule anziehen. Die Aufgaben durch uns Kinder werden sorgfältig ausgeführt und die Eltern erledigen ihre Arbeit, die Landwirtschaft boomt und wir wurden gut ernährt.

Der Geruch nach den Ziegeln unserer Häuser, einige mit Stroh gedeckt, aber voller Hoffnungen und Träume. Dann fühle ich mich hier wohl - denn ich weiß - ja bin zu Hause?

Das größte und schönste für mich ist, wenn ich zu Hause bin, sind meine Familie, die mir Liebe geben und sich um mich kümmern und wenn die Mama nicht da war, wurde ich von den Verwandten behütet und mit Essen versorgt. Wir waren alle in der Familie gut miteinander und fühlten uns von allen geliebt,

Womit und wie kann man sonst noch zu Hause vergleichen?

Nirgends,

Ja, auch wenn wir andere Häuser haben, gibt es dieses Gefühl von zu Hause das Sie nicht entwurzeln können. Diese Dinge taten wir zusammen, gingen und gingen in das Nachbarhaus des Onkels, um einen guten Morgen zu sagen, Onkel in unserer Igbo-Muttersprache. Wir beten für unsere Häuser in denen wir verwurzelt sind, ein Dach haben und geschützt sind.

DER SCHMERZ FÜR ZUHAUSE
GEHT WEITER

Zuhause war früher das sicherste, keine Gewalt und keine Angst. Es ist beängstigend zu wissen, dass man dieses Haus nie wieder finden wird.

Manchmal habe ich kein Bedürfnis aus Angst vor schlechten Nachrichten zu Hause anzurufen, doch die Sehnsucht treibt und die Hoffnung zwingt einem das die Lichter nicht ausgehen.

Bloß nicht denken dass es vorbei ist,

wenn ich zu Hause anrufe,

Ich hoffte auf bessere Nachrichten.

Für ein besseres Zuhause beten,

Zuhause, mein süßes Zuhause.

Zuhause bin ich geboren, aufgewachsen, diszipliniert und geliebt worden.

Meine Geschwister, meine Familie und Freunde.

Wo wir in Frieden, Harmonie und Liebe aufgewachsen sind.

Etwas sehr Nostalgisches ohne Niederlage.

Ein Ort, an den Sie zurückkehren möchten, ein Ort, an den Sie sich erinnern, wohin Sie auch gehen,

Ein Ort, den kein anderer Ort ersetzen kann,

Das ist zu Hause.

Wir ziehen an andere Orte und versuchen, ein Zuhause zu schaffen, ja, wir schaffen dieses

Zuhause, aber wir können dieses ursprüngliche Zuhause niemals in ein fremdes Land bringen. Nichts ist schlimmer als wenn Ihre ursprünglichen Wurzeln von denjenigen zerstört wird, denen Sie am meisten vertraut haben. Unsere Führer, unser eigenes Volk, diejenigen, die uns unterstützen sollten, uns beschützen sollten, wenn der Wolf an der Tür ist. Man kann nicht glauben dass Zuhause niemals wieder Zuhause sein wird. Man hat uns erschrocken und Weit, Weit weg von zu Hause geschoben, oh, wie sehr wir uns danach sehnen, wieder zu Hause zu sein, unsere Wurzel, unsere Nation.

Es bricht mir das Herz, dass sich nichts wieder so anfühlt, alles ist verändert, auch die guten Gerüche sind verschwunden.

Ich liebe meine neue Heimat Deutschland,

Es kann jedoch nicht den Platz meines ursprünglichen Zuhauses einnehmen.

Ich jage und entdecke meinen Traum in Deutschland, trotzdem muss ich nach Hause gehen, um mich bei meiner Heimat zu bedanken. Um zu ehren, wo alles begann, vor Jahren.

Das Gefühl und der Gedanke dass du eine Wurzel hast,
Twist lächelt und hellt mein Gesicht auf,

Kein Platz ist wie Zuhause,
Ost, West, Süd und Nord, Heimat ist Heimat
Ich weiß dass ich meine Leute bald sehen werde
Dieses Gefühl der Liebe, der Wiedervereinigung.

Sie werden nie allein nach Hause gehen,
die Schönheit, die vertrauten Gefühle,
und die Tatsache dass man kein Fremder ist.

Alle Verbannten tragen eine Karte in sich, die den Weg nach Hause weist.

Wer wird unser Moses sein?

Wen wird Gott aus Midian aussenden, um unsere Generation zu retten, und wen wird Gott senden, um Moses zu begleiten und als Sprecher zu dienen?

Ich wette, jeder stellt die gleiche Frage. Ich bin so eifrig

Ich habe mir die INEC-Ankündigung auf Facebook angehört. Ich wollte nur, dass sie den Gewinner bekannt geben, damit wir uns überlegen, wie wir mit dem Wahlergebnis umgehen sollen.

Ja, Nigeria hat eine Wahl im Jahr 2019 durchgeführt, aber wer ist der Gewinner und wie sauber war der Prozess?

Ja, wir haben alles gesehen und gelesen, was bei den Wahlen steht, was mit der Dunkelheit zusammenhängt. Aber dies ist Nigeria des 21. Jahrhunderts, das immer noch beschuldigt wird, Wahlen manipuliert zu haben. Hat man nicht die Realität verstanden, hat man die Gefühle beseitigt,

hat man jetzt die Nation gehört oder ist wieder hoffnungslos entscheiden worden wer die Nation vorantreiben wird.

Was ist für uns wirklich wichtig?

Es geht nicht um das Gefühl, woher man kommt, welche Religion, welche Sprache und wie reich oder einflussreich oder wann Nigeria aus seinen Fehlern lernen wird. Es geht nicht um Wettbewerb, nicht um Hass und nicht um Klasse.

Ich bin so traurig, sehr negative Dinge darüber zu lesen, was aus meiner Heimat geworden ist, was in Nigeria im 21. Jahrhundert passiert. Wohin wird uns das führen? traurig, traurig-

Wir brauchen nüchterne Momente, um in unsere Muscheln einzutauchen und uns einige wirklich gute und ehrliche Fragen zu stellen, was wir unserer Nation antun.

Wir sind geduldig und haben schreckliche Momente gemeistert und hoffen und warten geduldig auf eine echte Veränderung und ein besseres Leben.

Wann wird das passieren?

UNSER WUNSCH FÜR NIGERIA

Wo es keine Vision gibt, sterben die Menschen -
Sprüche 29:18.

Wo ist unsere Vision? Ich habe das Gefühl dass
es bei dieser Wahl am schlimmsten wurde. Ich
möchte nicht dass mein Land in Anarchie versinkt
und untergeht, ein Land das ich so sehr liebe.

Aber was möchten wir aus unserem Nigeria
machen? Wir brauchen unser Zuhause, um es wieder
aufzubauen und es um zustrukturieren, - oder was
wollen wir? Wir wollen eine funktionierende Nation,
einen Ort, den wir stolz als Heimat bezeichnen können, wo niemand vernachlässigt wird, gleiche Rechte
hat und Achtung und Respekt herscht.

Ja, wir haben das Problem des Tribalismus lange
ertragen, ethnozentrisch, besonders wenn es um die
Auswahl eines Vertreters geht. Wir entscheiden uns
selten für die richtige Person, qualifiziert und fit.
Wir mischen die Stimmung mit der Realität und
lassen unser Land leiden. Wir tun dies und verlieren letztendlich unsere Vision und bleiben Jahr
für Jahr dabei, klagen und weinen und sind immer
noch nicht bereit für Veränderungen jeglicher Art.

Wir haben geweint und uns über die neokoloni-
ale Festung beklagt. Was macht China nun wieder
mit uns und geht die Spur zurück, die wir vorher
gegangen sind

Können wir Nigeria wieder zum Funktionieren bringen?

Wie Victoria Moran, die Autorin von Creating a charmed life, sagte; Zuhause ist dort, wo das Herz ist. Ich bin vielleicht enttäuscht über das Chaos, das wir verursacht haben, und über die Art und Weise, wie einige Politiker das Land leiten, kann ich meine Wurzel nicht leugnen.

Weil es mich kümmert, mache ich mir Sorgen und ich fühlte dass mein einziger Ausweg darin besteht, meine Schmerzen in Worten und Schriften niederzuschreiben, um meine schlaflose Seele zu besänftigen, die sich mit meinem geliebten Land über den Stand der Dinge gewundert und nach Antworten gesucht hat. Dieses Buch ist mein Versuch, die Leiden Nigerias zu verstehen, und ich schaue, wie viele von uns in der Diaspora zur Zukunft unseres Landes beitragen können.

Wie wir unser Gehirn für das Wohl unseres geliebten Landes zusammensetzen können, haben viele hier draußen beim Wiederaufbau und der Umstrukturierung viel zu bieten, aber das Beste, was wir alle tun können, ist, zusammenzukommen und den Egoismus beiseite zu legen und mit einer Stimme zu arbeiten, um unser Land in der Verzweiflung zu retten.

Viele von uns haben in der EU, in Amerika, in Asien und anderswo ein Zuhause gefunden. Wir müssen uns gegenseitig dabei unterstützen, Wissen auszutauschen, sich gegenseitig zu beeinflussen und zu inspirieren. Scheuen wir uns nicht was wir für unser Land tun können. Schließen wir nicht unsere Augen, wenn die Dinge nicht gut laufen, und schließen wir uns nicht aus, um das Böse zu verurteilen, denn unsere Wurzeln sind es wert, gesichert und wieder aufgebaut zu werden.

Wenn wir unsere Wurzeln zerstören, wo können wir dann noch zu Hause nennen?

Nicht vereinzelte können den Kampf der Veränderung führen, denn das Problem in Nigeria ist riesig und erfordert gemeinsame Anstrengungen im In- und Ausland, um Veränderungen herbeizuführen.

Wir alle weinen und beschweren uns, aber was haben wir getan?

Wie können wir an diese Mamut Aufgabe herankommen?

Ja, wir brauchen jede Stimme, nicht für Korruption und Selbstsucht, sondern für Ehrlichkeit. Gerechtigkeit, Sicherheit und Gleichheit, für Demokratie soziale Aspekte, Nachhaltigkeit und für Zukunft orientierte wege in Bildung und Wirtschftliche belange.

Das ist mein Traum!

Das ist meine Hoffnung!

Das ist mein Nigeria!

Das ist unser Wunsch für Nigeria!

Kapitel 5:

Unsere Führer

Wir in der Diaspora könnten unsere
Führer ermutigen, indem wir beweisen,
dass wir führen können. Was hindert unsere
Führer daran, Führer zu sein?

Die Ressourcen sollten genutzt werden, um Wohlstand für alle zu schaffen und Werte zu schaffen, die unsere Generation ungeboren halten.

Zuhause ist das Priesterseminar aller anderen Institutionen. Ja! unsere Wurzel, ein öffentliches Eigentum, das Fundament von Staaten, die Keime des zukünftigen Menschen; und all das macht den guten Bürger aus.

Wo ist dieses Zuhause?

Es war, als würden unsere Gebete und Schreie nicht zu Gott gelangen. Ich fühlte mich so schrecklich, so einsam und isoliert, als ich an mein Zuhause dachte, meine Wurzel als Kette, die durch die Gefühle der laufenden Wahlen noch verschlimmert wurde.

So fühle ich mich; Ich weinte, betete, fastete und hoffte auf Gerechtigkeit bei diesen Wahlen im Jahr 2019. War es eine faire Wahl?

Mmmmhh. Leben wir Nigerianer nach dem Gesetz Gottes?

Ich stolperte über das Buch 3. Moses 26 in der Heiligen Bibel und las bis zum Ende.

Ich habe versucht, diese Seite zu reflektieren und sogar auswendig zu lernen. Ich weiß, dass mein Gott seine Verheißungen nie missachtet hat. Die Frage ist, warum er uns jetzt im Stich lässt. Gott ist doch so nah, aber sehr weit von meinem Volk entfernt? Dies erfüllte meine Gedanken, als die Nachrichten über die Wahlen uns weiter erreichten.

Haben wir so viel getan, um Gottes Zorn auf uns zu ziehen?

Anstelle von Frieden sind wir im Chaos, als ob das Land voller Bestien und Beute ist und die Feinde den Ohnmächtigen nachjagen. Die Feinde, so habe ich gebetet, sollten fallen, aber sie fallen nicht, sie verfolgen uns immer noch.

Wo ist der Gott Abrahams, Isaaks und Jakobs?

Wer hat geschworen, sich den Nigerianern zuzuwenden?

Halten Sie seinen Bund ein und machen Sie unser Land fruchtbar, das fragte ich schweigend und unter Tränen.

mmmm, wo sind wir falsch gelaufen und warum haben wir nicht gelernt, schlechte Verhaltensweisen wegzuwerfen, die uns unseren Nationalstolz gekostet haben.

Wann sind wir bereit, das Alte aufzugeben und positiven Veränderungen Platz zu machen, wo ist unser Gott, der versprochen hat, der Gott vieler Nigerianer zu sein? Und der Gott des Imo-Staates.

Ich bat den Herrn wie Millionen andere Nigerianer, unser Zuhause zu reparieren.

Wo ist der Gott, der die Israeliten aus Ägypten herausgebracht hat?

Wir sind jetzt in Ägypten, komm und manifestiere deine Gegenwart und befreie uns.

DIE FLÜCHE

Ich kam zu dem Schluss dass wir verflucht sind dass wir überfallen und infiziert sind und himmlische Heilungen brauchen. Wir haben uns selbst und gemeinsam entschieden, Gottes Gebote hinter uns zu lassen und in die Irre zu gehen. Wir haben

Gottes Gesetze abgelehnt und beten Macht und Geld an.

Jetzt sind wir unterworfen und werden von Flüchen, die wir uns selbst zufügen, verzehrt und verschlungen. Gott hat sich gegen uns gewandt, und wir sind untergegangen, anstatt Gottes Anglitz zu suchen. Das hat uns alle im Griff und jetzt sind wir gefangen.

Wir können nicht wieder rennen. wir können nicht wieder fliegen.

Wir hören immer noch nicht zu das ist unsere Plage, unsere Bestrafung für unsere Sünden. Wird diese Reform uns verändern?

Wir sind verstreut, eingeschüchtert und emotional und körperlich verletzt. Die meisten Dörfer sind öde und trocken. Ja, Ängste haben Einzug gehalten, mein Volk ist machtlos, überhaupt einer Bedrohung standzuhalten. Wir sind hungrig, fühlen uns aber von unserem liebenden Gott niedergeschlagen und verlassen.

Zum ersten Mal seit vielen Jahren fühlte ich mich so, dass wir bestraft werden.

Wie soll ich sonst erklären, was in einem Land los ist das ich so liebe?

Ich fühle mich nostalgisch und gleichzeitig Eifersüchtig, als ich einige meiner Freunde aus Kenia, Sambia und Simbabwe mit Leichtigkeit nach

Hause reisen höre. Ich sehne mich nach meinem Zuhause.

Wissen Sie, wie schwierig es ist, ein Zuhause außerhalb Ihres ursprünglichen Zuhauses zu finden?

Einen Ort zu leben, an dem du geboren wurdest und der voller Liebe ist?

Wie fühlt es sich an, im Exil zu sein und sich in Ihrem Zuhause fremd zu fühlen?

Ist es so, als würde dein Zuhause brennen?

Ich kämpfe mit meinen Tränen, während ich meine ursprüngliche Heimat in Erinnerung besuche.

Der Gedanke an Frieden und Harmonie, der damals erlebt wurde, brachte ein Lächeln zurück auf mein Gesicht,

Aber das ist nur eine Illusion, eine Vorstellung,

Ich trage dieses Bild überall in mir herum, ein Bild eines funktionierenden Landes, ein Bild eines idealen Zuhauses, wie es sein sollte und wie es war

Der einzige Ort und der erste Ort, an dem ich ein Land nannte. Der Stärkste aller Zeiten. Nichts ist besser, als sich in Ihrem Land sicher zu fühlen, und nichts ist so schlimm wie in Ihrem Zuhause unsicher zu sein.

Was auch immer wir tun, unser Land sollte ein sicherer Ort für Häuser sein, den ein fremdes Land bleibt für uns immer noch unbekannt.

Kein Ort kann wie zu Hause sein, dein Land, aber was ist, wenn dein Land aufhört und von dem abweicht, was du weißt?

Ich höre auf Prediger und weiß aus meinen Gefühlen und Erfahrungen, dass manche Dinge wieder nicht dasselbe sind. Daran erinnert, wie diese Tage gelebt wurden, zusammen als familien und als vereintes volk und das Bild von heute zu sehen. Wir haben nie alleine gelebt wie Bäume, die einsam sind, wir haben kollektiv gelebt, mit ruhenden und tief verwurzelten Wurzeln, mit Liebe umgeben, um uns in Gefahr zu schützen, zu repräsentieren und zu verteidigen.

Nichts ist so gut wie ein schönes Land. Wenn ein Land von denjenigen im Stich gelassen wird, die es verteidigen und schützen sollen, wird die ganze Geschichte entlarvt, seine Leiden, sein Glück, seine Angriffe, sein Verrat und seine Stürme.

Länder sind Fundamente für Häuser, und wer gut regieren, zuhören und mit seinem Volk sprechen kann, ist ein guter Führer, schaut nur auf Bäume, sie beobachten die Menschen.

Denn der Mensch ist nichts anderes als ein wachsender Baum.

Denn genau wie Bäume - deren Stärke im Vertrauen liegt.

Männer leben und legen ihre Hände aus und erwarten dass sie gut geführt werden. Wenn ihre

Hoffnungen erfüllt sind und sie sich nicht unterdrückt fühlen dann schaut man auf ein Land mit
einer guten Führung.

Wo sie hoffen, geglättet und vorwärts bewegt zu
werden.

Wir wünschen uns gute Führung mit Weitblick,
wir planen und konzentrieren uns, wir werden sie
verstehen und weit führen.

Wenn ich daran denke, was aus meinem Land
geworden ist.

Es zerreißt mein Herz,

Ich sehe mein Land am Tag und am Abend
rascheln.

Wenn wir stehen, bezweifeln wir, was wird sein?

Können wir Bäume in ihren langen Gedanken,

langen Atemzügen und ihrer Weisheit
nachahmen?

um klug zu handeln

um zu hören wie sie singen,

wir werden anfangen müssen zu verstehen,

um wie Bäume zu bestehen,

denn Bäume sind weise, nur wenn wir uns Zeit
nehmen, ihnen zuzuhören.

WIE WIR REGIERT WERDEN

Es geht nicht nur ums Gewinnen, sondern auch ums
Liefern. Ohne Vorurteile, Hass und Segregation.

Wie schaffen wir es wieder?

Wieder nach Hause kommen und nicht nur Erinnerungen für neue Metaphern mitbringen. Trotzdem finden wir das wieder, was wir zurückgelassen haben.

Ja, die Wahlen sind am 23. Februar 2019 gekommen und vergangen, mit dem Ergebnis nach drei Tagen.

Im Senegal führte man die Wahl an einem Tag durch und hatte das Ergebnis am selben Tag. Wir sind der Riese Afrikas, ja, wir sind es und haben es nicht geschafft eine Vorbildfuktion zu übernehmen.

Was müssen wir zeigen, dass wir sind, was wir sind?

In der Vergangenheit zitterten und respektierten andere Länder den Riesen Afrikas. Heute deportieren unsere beliebtesten Nachbarländer deren Kinder mit dem Zufallsprinzip nach Nigeria.

Allein im letzten Monat wurden über 750 Nigerianer aus Ghana nach Nigeria abgeschoben.

Was ist passiert, dass unsere vergangene Herrlichkeit verschwunden ist?

Eltern führen Ihre Kinder gut, und Ihre Kinder werden folgen, Führer führen gut, denn es ist nicht bekannt, dass ein guter Führer allein geführt hat.

Oh ja, was sich hinter verschlossenen Türen abspielte, werden wir nie erfahren können. Ja, wir sind der Riese Afrikas, aber mein geliebtes Land ist nicht mehr der Riese, der mit Respekt und ehrfurcht gesehen wurde.

Ja, ich habe gelesen, es war eine faire Wahl, ok, vorausgesetzt das dies der Wahrheit entspricht, warum hat sich die Wahl so verzögert und warum haben Menschen ihr Leben verloren?

"Alle großen Führer hatten eines gemeinsam: Es war die Bereitschaft, sich den Menschen in Ihrer Zeit eindeutig der Hauptangst zu stellen. Dies und nicht viel mehr ist das Wesen der Führung."

- John Kenneth Galbraith.

BEARBEITUNG DER VIELEN FRAGEN

Haben Sie den Film "The GREEN MILES" (Film 1999) mit Michael Clarke Duncan (John Coffey (Ende 2012), Tom Hanks, Sam Rockwell, David Morse, Dough Hutson, James Cromwell, Michael Jeter und Bonnie Hunt gelesen oder gesehen, warum nicht so?

Der Charakter, der mich weinen ließ, war der von Michael Clarke, der des Mordes beschuldigt wurde.

Sein Tod im Alter von 54 Jahren, nachdem er einen Herzinfarkt erlitten hatte, verwüstete viele, als sie ihre Gefühle über Duncans Tod zum Ausdruck brachten.

Ich bin furchtbar traurig über den Verlust von Big Mike, wie er genannt wurde, sagte Hanks in einer Erklärung gegenüber Entertainment. Er war der Schatz, den wir alle am Set von The Green Mile entdeckt haben. Er war Magie. Er war eine große Liebe zum Menschen, und sein Tod hat viele verblüfft.

Green Mile-Direktor Frank Derbont beschrieb Duncan als den besten Menschen, den er jemals getroffen hatte und das Privileg hatte mit ihm zu arbeiten und ihn kennen lernen durfte.

Er beschrieb den verstorbenen Duncan als den sanftesten der Seelen - ein Beispiel für Anstand, Integrität und Freundlichkeit. Als ich das hörte, überlegte ich, warum wir auf diese Weise nicht einmal über unsere Führer sprechen können.

In einem anderen Kommentar schrieb Olivia Munn, die ihre Traurigkeit ausdrückte, dies. Michael Clarke Duncan hatte immer ein Lächeln im Gesicht und eine große Umarmung für Sie parat.

Während unser Land nicht auf diese Weise regiert werden kann, warum kann diese Art von Erbe nicht von den Führern zurückgelassen werden?

Weiß jemand, warum ich die Rolle des späten bescheidenen Michael Clarke Duncan in den Grünen Meilen gewählt habe?

Ein Literaturfilm für diese spezielle Situation, der in diesem Buch beschrieben wird. In diesem Film wurde er zum Tode verurteilt, weil er mit zwei Leichen von zwei Mädchen aufgefunden wurde, er wurde völlig missverstanden und wurde angeklagt, eingesperrt und verurteilt.

Er war so besonders und selbst in seiner Naivität trug er Herzen und hatte die Kraft zu heilen

Er wurde im Film als sehr naiver, kindischer und geistig behinderter Schwarzer dargestellt, der nur seinen Namen schreiben kann.

Er war unschuldig, konnte aber die Menschen wegen Rassismus nicht überzeugen;

Er wurde wirklich müde von der Ungerechtigkeit, die in der Welt vor sich geht, und gab sich dem Schicksal hin.

Werden die Ungerechtigkeiten, Diskriminierungen und Fehleinschätzungen nicht zu groß?

Haben Sie sich vorgestellt, wie viele Seelen dahingegangen sind, nur weil einige Gruppen ihre Hautfarbe, ihre Stämme, sogar ihren Gott hassten?

Haba! wann hört das auf!

Ross-Perot hat dies einmal über Führungskräfte gesagt - Menschen führen und inspirieren. Versuchen Sie nicht, Menschen zu verwalten und zu manipulieren. Lagerbestände können verwaltet werden, aber Menschen müssen geführt warden.

Aber haben wir nicht das Gefühl, dass wir verwaltet werden?

AUSDAUER

"Manchmal muss man einsam auf dem Boden in einem ruhigen Raum sitzen, um seine eigene Stimme zu hören und sie nicht im Lärm anderer ertrinken zu lassen"

- Charlotte Eriksson-

Am 9. März 2019 blieb ich den größten Teil dieses Tages in Einzelhaft, in Stille und in Gebeten.

Als ich das letzte Mal nach Hause reiste, hatte ich Zweifel, was aus meinem Platz geworden ist. Zerbrochen in Trümmern mit großen Schlaglöchern, nur Gott weiß.

Bei diesem Gedanken, ob der Imo-Zustand wieder gut sein wird, durchlief ich mein System und wurde einsam und nostalgisch, als ich daran dachte, was es in der Vergangenheit war.

Vor allem Owerri war früher das Traumkapital mit dem Owerri-Akzent und dem guten Gefühl. Ich erinnere mich, wie wichtig es ist, den Leuten zu sagen, dass wir nach Owerri gegangen sind. In jenen Tagen werden Leute aus dem Dorf anfangen, dich anzusehen, als ob du ins Ausland gegangen wärst, nur um Owerri zu erwähnen.

MEIN IMO-STAAT

Mein Stolz,
Mein goldener Staat,
und Heimat der Hoffnung, des Friedens und der Liebe.
Was ist aus dir geworden?
Der Staat, wo ich hingehöre,
wo ich mein Stolz herumgetragen habe,
wo man das Herz der Zuneigung empfängt,
wo einst alle süß, lebendig und hüpfend waren,
Parfüm und Aroma erfüllten die Städte,
und die Leute schliefen in Frieden

Und jetzt das!

Ich fordere Sie auf, nie zu verzweifeln,
gib niemals nach, indem du nach deinem Ruhm
suchst,
Zeige deinen Ruhm,
wofür du bekannt warst.
Vor ein paar Jahren
Sie wurden verwischt und abgeschnitten,
stehend und beraubt
leer und nichtig,
hungrig und verzweiflung,
gebrochen und getreten,
Du hast geweint und niemand hat dich gehört,
Sie erregt, aber Sie wurden ignoriert,

Ihre Suche nach Veränderung hielt an,
wurde immer lauter,
wer wird dich hören,
und wer wird deine Wunden heilen,
irgendein richtiger Weg, dies zu tun?
langsam, mit Massengebeten,
Schreie, Tränen ergießen sich,
Möge jeder hier wissen,
Wir sind die ganze Stadt,
und mit Gott werden wir wieder aufbauen,

Wir kamen in die Nähe, wo wir hingehören,
Wo wir zu Hause genannt haben,
Unsere Wurzeln, unsere Sorgen,
Wir werden niemals die Liebe zum Wiederaufbau
verlieren

Um unser Inneres neu zu ordnen,
und unsere Leere wiederherstellen,
Parfümiere heute deine Städte zurück,
Ersetzen Sie gemeinsam die Stiche, die Störgerüche
mit den Düften, die wir vorher kannten,

Wenn wir zusammen ziehen müssen,
wir müssen zusammen erfolgreich sein,
Zusammenarbeiten und keine passiven Zuschauer
sein,

Wir dürfen nicht nur Namen rufen und jubeln,
Wir müssen unsere Staatsbürgerschaftspflichten
erfüllen,
ohne Angst und der Imo State blüht wieder.

"Dieser Staat wird nur so lange der Staat der Freien
bleiben, wie er die Heimat der Tapferen ist"

- Elmer Davis-

Ich hatte mich gefragt, warum wir mit allem gesegnet sind und wie einige von uns die Armen ignoriert und gequält haben, was sie erzwungen und zugefügt haben und wie sie das Herz höher schlagen ließ.

Reichtum wurde angehäuft und keine Pracht, haba!

Dies ist nicht der Zustand, den wir kannten.

Kapitel 6:
Wir Haben Moses

Quelle: Mit freundlicher Genehmigung von The Eastern Telegraph

Ich habe den Herrn gelobt,
als die Nachrichten in die Luft gingen

Dieser gute Tag, ein guter Monat und ein gutes Jahr,
Herr, was würde Imo State ohne dich tun?
Für die Beantwortung geben wir zurück,
Wir werden tanzen und singen,
Danke, dass Du es uns erlaubt hast,
uns zu helfen, durchzuhalten,
dass Du uns gesagt hast dass wir es schaffen können.
Wir segnen dich,
Wir schätzen dich,
Für heute stehen wir Lob zu singen,
Um den Tanz von Esther zu tanzen und die Lieder des Lobes zu singen,
Wir wurden depressiv,
Du hast uns aufgehoben,
und hast uns beeindruckt,
wir waren unten
aber du hast uns festgehalten,
und zeigst uns Liebe,
Danke Gott,
Wir haben wieder Hoffnung.

Endlich kam die Nachricht, dass Emeka Ihe-dioh die Gouverneurswahlen im Bundesstaat Imo gewonnen hatte, trotz aller Widrigkeiten am 10. März 2019, was den Bürgern des Bundesstaates Imo großes Lächeln und Freude bereitete.

Wir alle haben getanzt, gejubelt und Gott gelobt. Er ist der lang ersehnte Moses von Imo. Jetzt beten wir, dass er sich mit gutmütigen Menschen mit Visionen umgibt, die positiv für das Wohl des gesamten Imo-Volkes denken.

UNSER NEUER GOVERNOR

Seine Exzellenz, Rt. Hon Chief Sir Emeka Ihedioha, nigerianischer Politiker und Geschäftsmann.

Sie sind auf dem weg zu großartigen taten; heute ist dein Tag. Dein Berg wartet, also mach dich auf den Weg.

Der Zustand im Imo-Staat hat viel gelitten und musste in der Vergangenheit zu viele Rückschläge erdulden. Diesem neuen Gouverneur wird es nicht leicht fallen. Ich glaube Gott; Es gibt so viele von uns, die für Ihn beten dass kein Übel auf seinen

Weg kommt. Er wird den Imo-Staat mit dem Volk versorgen, wiederherstellen und wieder aufbauen. Er wird mit seinem Kopf und guten Absichten seine Krone tragen.

Gott sei Dank, wenn nicht jetzt, wann sonst ist die richtige Zeit. Wir beten zu Gott, dem Allmächtigen dass sich alle zusammenschließen, um den Wiederaufbau des Imo-Staates zu unterstützen.

Meine Lieben Imo Leute! Zusammen werden wir den Imo-Staat wieder auferstehen lassen.

Wir werden eines Tages sagen! Wenn die Welt mehr Menschen wie Ihn hätte, wäre es ein besserer Ort. Sie machen den Unterschied.

Nur wenige Dinge auf der Welt sind mächtiger als ein positiver Schub. Ein Lächeln. eine Welt voller Optimismus und Hoffnung. Sie können es tun, wenn die Dinge schwierig sind.

- Richard DeVos.

Ja, unser gewählter Gouverneur, Sie können es schaffen, gut regieren und die Leute werden folgen. Wir glauben an Gott. Wir vertrauen darauf dass er uns einen Moses geschickt hat. Ein David, der für uns kämpft und uns verteidigt. Ich spüre den Eifer und den unbändigen Willen vom neuen Gouverneur das Richtige tun.

Mit denen zusammenzuarbeiten, die ihr Leben riskiert haben, um die Dinge zum Laufen zu bringen.

Du hast das Werkzeug,
damit sich die Menschen wichtig fühlen,
nicht nur Sie werden erfolgreich führen,
Du wirst ein guter Anführer sein.
Denn wir wissen, dass Sie fähig, stark und klug sind.
weil das Vertrauen deines Volkes und Gott hinter Ihnen steht.
Es mag schwierig aussehen, aber Sie können alles erreichen
Du hast den Mut.
Die Konzentration bewahren,
Negative Gedanken entfernen,
Erarbeiten Sie positive Ergebnisse, nicht nur im Kopf,
auf Ihrem Weg Herausforderungen meistern,
auch werden Misserfolge passieren.
Stelle dich auf deinem Weg der Kritik, um das Richtige zu tun.
Bleib nicht unten, wenn es nicht funktioniert,
Lassen Sie sich nicht von negativen Worten niederreißen,
Jeder Tag kann nicht der beste sein,
immer positiv bleiben,

Ausdauer, Beharrlichkeit und harte Arbeit bring
die Dinge ins Rollen.
Die Situation und die Herausforderungen werden
sich entwickeln
Zu einem großartigen Anführer
Wir erwarten keinen perfekten Führer,
aber Sie werden ihr Bestes geben,
um dein Volk vom Imo-State zu inspirieren.
Wir werden reden,
wir werden Denken.
wir werden handeln,
um die Veränderung und die Zukunft zu gestallten.
Was zählt, ist Ihr Sonnenschein, so wie die Sonne
eben;
Geht jeder neue Tag die Sonne wieder auf.

Als Bonnie Blair das sagte; "Gewinnen heißt nicht immer, der erste zu sein. Gewinnen bedeutet, dass Sie es besser machen als je zuvor."

Wir vertrauen Gott das sie als unser neuer hoffnungsvoller Gouverneur Ihr Bestes geben werden.

GOVERNOR IHEDIOHA

Vergiss nicht!

Wie Orison Swett zitierte Marden zu Recht, dass es keine Investition gibt, die sich so gut auszahlt wie die Bemühung, Sonnenschein und gute Laune durch die eigene Einrichtung zu streuen.

Unseren Hoffnungsträger Herrn Gouverneur Emeka Ihedioha, wir fordern Sie auf, den Sonnenschein mit Ihrem Charisma und Ihrem guten Willen für Imolites zu streuen, denn am Ende wird der Erfolg der gefeierte Sieger sein.

Whoa, endlich kam der Tag, auf den wir uns alle in Imo State gefreut hatten.

Doch schließlich tauchte ein Moses auf.

Dies ist der Tag, den der Herr für die Imo-Leute gemacht hat: Wir werden uns freuen und uns daran freuen - Psalm 118: 249

Glückwunsch Imo State, Glückwunsch zur Governors Wahl

Gott sei Dank, ja, die Imoliten haben es geschafft, ein Führer wurde gewählt, Ehre sei Gott.

Schlusswort:
An Meine Leser

"Wir lieben Lob, haben es aber nicht verdient.
Aber wenn wir es verdienen würden, müssten
wir die Tugend mehr lieben."

- William Penn.

Ich bin kein Politiker, sondern nur ein normaler Mensch, der wie viele andere Afrikaner um meine Wurzel trauert. Wessen Wurzeln wurden verstümmelt, gequetscht und verletzt? Ich weine um Gerechtigkeit, Frieden, Liebe und Harmonie. Ich weine wegen des Realitätsverlustes und des Kampfes um Macht und Geld.

Ich bin keiner Partei verpflichtet, sondern Fairness, Gerechtigkeit und Gleichheit, unabhängig davon, woher man kommt, Religion oder Sprache.

Ja, Führung und was es für uns Afrikaner bedeutet. Wir schätzen und verehren die Führung und machen so viel Lärm, dass wir unsere Stimme sprechen lassen, anstatt unser gutes Handeln.

Ich denke, jeder, besonders die Führer, sollten sich um das Beste bemühen müssen.

Tun unsere Führer das Richtige?

"Führer werden gemacht und nicht geboren; Sie entstehen durch harte Arbeit, Engagement und Fairness. Guide und andere werden folgen.

Insgesamt ist unsere größte Schwäche unsere Emotion. Wir sind kurzsichtig. Engstirnig und blind im Urteil.

Manchmal fällt es mir schwer zu wissen, wem man die Schuld gibt, die wenigen, die nach Macht streben,

Oder die wenigen und vielen, die benutzt werden wollen,

Ja, wie ein Sprichwort sagt.

Wahlen sind und sollten keine Frage der Tat oder des Todes sein. Es sollte fair sein und die Meinung der Menschen respektieren.

Wenn wir uns von Wahrheit, Fairness und Realität leiten lassen, werden wir weit gehen. Und wir werden feststellen, dass es nicht darum geht, wer eine Wahl gewinnt, sondern darum, wer alle gleichermaßen repräsentiert. Letztendlich ist Führung kein krönender Akt und kein bloßes Fest zum Vorführen.

Es geht darum, konzentriert zu bleiben, eine Vision zu haben, Ziele zu setzen und denjenigen zu dienen, die Sie an die Macht bringen. Führungskräfte sollten motiviert sein, ihr Bestes zu geben, um das Beste zu erreichen, insbesondere wenn es um hohe Einsätze geht und die Konsequenzen wirklich eine Rolle spielen. Führung sollte bedeuten, einen Staat oder ein Land zum Erfolg zu führen und einem Staat nicht zum Zerfall zu verhelfen.

Es geht nicht um APC, PDP und andere Pateien,

Es geht um jene Massen, die auf dich schauen und nicht über

Irgendeine Religion,

Und nicht über eine persönliche Zeit, um Punkte abzurechnen.

Lass die Leute dir vertrauen,
Dir zuhören,
Lass sie deine Hilfe fühlen
Sei dein eigener Spiegel und sei bereit zurückzutreten, wenn sie dir nicht mehr vertrauen.

Kraft ist keine Antwort, es ist eine Schwäche,
und ein Zeichen des Scheiterns.
Machen Sie sich zu dem Anführer, den jeder ken-
nenlernen und besuchen möchte.
Zeigen Sie durch Ihr Verhalten; Führer sind Führer
und nicht Händler oder Unterhändler?

Sind Sie die Straße hinuntergegangen, um fest-
zustellen dass die meisten Straßen nicht befahrbar
sind?

Haben Sie versucht, Ihre Söhne und Töchter in die
örtlichen Schulen zu schicken, um herauszufinden,
dass es keine Einrichtungen gibt und arme Familien
nicht in der Lage sind, für ihre Kinder zu bezahlen?

Wie wäre es, wenn Sie Ihre Kinder zu normalen
Universitäten schicken, wo Hygiene und Toiletten-
artikel in Trümmern liegen und Eltern Schwier-
igkeiten haben?

Was ist mit einem Krankenhausaufenthalt, wenn
Ihre Kinder krank werden?

Kennen Sie Drogenentzugseinrichtungen?

Haben Sie Hunger gehabt und kennen Sie den
Wert einer Mahlzeit ?

Kennen Sie das wenn man durch Hunger zum
Jäger wird?

Landwirtschaft, keine guten Straßen, keine
Liebe und kein Frieden,

Sie sind alle marginalisiert, monopolisiert und getrennt.

Manchmal bist du im selben Land; Sie sehen, einige sind gleicher als die anderen,

Ich denke über George Orwells (1945) Buch "Animal Farm, Mit Napoleon Bonaparte, Schneeball, Alter Major, Schatzwutz, Boxer, Bauer Jones, Ein allegorischer Roman. Laut Orwell spiegelt die Fabel die Ereignisse vor der russischen Revolution von 1917 und danach in der stalinistischen Ära der Sowjetunion wider.

Manor Farm von Mr. Jones, einem grausamen Säufer. Eines Tages sprach das weise alte Schwein Mr. Major die Tiere an und rief sie dazu auf, sich gegen die Bauern zu erheben. Snowbell führte sie, empörte sich und übernahm die Farmen von Mr. Jones und änderte den Namen in Animal Farm, mit ihren sieben Geboten mit den meisten wichtigen dass alle Tiere gleich sind, vier Beine gut, zwei Beine schlecht.

An dem Tag, an dem Napoleon und Schneeball sich auseinandersetzten, ging die Saga weiter. Nach dem Kampf um die Windmühle sah man, was mit Boxer, dem Pferd und Napoleons Freund, geschah. Als er seine Kraft verlor, hätte man eine besondere Behandlung erwartet, nein, er hat ihn zum Schlachten geschickt.

Während die Tiere mit Männern arbeiteten, entwickelten sie allmählich den Geschmack und den Stil der Menschen und änderten schnell das letzte Gebot in "Alle Tiere sind gleich, aber einige Tiere sind gleich wie andere.

Wissen Sie, was passiert ist? Auf dieser Farm waren einige Tiere gleichberechtigter und wichtiger als die anderen. George Orwell war sarkastisch und dachte darüber nach. Sehen Sie unsere heutige Welt als die Welt der „Animal Farm von George Orwell

Ja, es gibt Anarchie auf der Welt.

Die Dinge sind auseinandergefallen, sagte Chinua Achebe in seinem Grab. Ich habe euch alle gewarnt. Ja, die Dinge sind ziemlich auseinandergefallen.

Anerkennung

Gott erneuere unsere Energie; wir sind müde. Wir haben alle akzeptiert, unsere Schmerzen im Inneren zu behalten, weil dies der sicherste Ort ist, um Schmerzen und verborgene Tränen zu verbergen. Ich wache jeden Morgen auf, um dir, Herr, für einen weiteren schönen Tag zu danken.

Wir durchlaufen verschiedene Lebenswege, da wir uns alle mit verschiedenen Dingen im Leben auseinandersetzen müssen. In meinem dunkelsten Moment in der Vergangenheit vergaß ich meine Person und wurde so einsam, frustriert und leer, und mir wurde klar, dass es Kraft gibt, zu schreiben, seine Geschichte zu erzählen. Es gab Menschen, die in meinem Leben sehr beständig wurden und die Reise lohnenswert machten.

Meine Familie

Vielen Dank an meine Familie, die immer für mich da ist.

Ich bin meinem Mann Hagen Meierdierks und unserem Glücksbündel, unserer Tochter Shanaya, sehr dankbar.

An meine Schwiegereltern Alfred und Christa. Tante Thea und Onkel Gerd.

Meine verstorbenen Eltern Patrick Uzodinma und Elizabeth Adanma Uwazie,

meine Geschwister Adanne da Franca Uche und Familie, Da Ange Ndukwu, Chimeka und Familie, Pauline Kanu und Familie, De Peter und De Cos und andere.

Die Profis

Ich möchte den Fachleuten danken, die mir geholfen haben, dieses Buch zum Erfolg zu führen;

Amina Chitembo von Diverse Cultures Publishing. Zusammen mit ihrem Team dafür, dass dieses Buch durch die Bearbeitung möglich wird. Satz und Veröffentlichung dieses Buches auch kurzfristig.

Meine Schwester Dr. Vivian Timothy, die immer bereit ist, ein perfektes Gemälde für meine Titelbücher zu liefern,

Vielen Dank an meinen Schulkameraden, den Herausgeber und Journalisten der Nischenzeitung

Iyke Amaechi, der mich während dieser Wahl 2019 auf dem Laufenden gehalten hat.

Andere besondere Menschen

Last but not least danke an diejenigen, die zu meinem Leben beigetragen haben:

Diven von Color Gründer Herr Emeka und Faustina Anyanwu Vielen Dank für die Auszeichnung als beste Autorin 2018.

Über
Mich, Den Autor

Ich heiße Clara Meierdierks (geb. Uwazie). Ich wurde in Nnarambia Ahiara, Mbaise, Nigeria, als Tochter der verstorbenen Frau Elizabeth Adanma Nneoha Uwazie und des verstorbenen Herrn Patrick Uzodinma Uwazie geboren. Meine Mutter brachte insgesamt acht Kinder zur Welt.

Ich bin ausgebildete Krankenschwester / Hebamme, Qualitätsmanagerin (Cert.) Und habe einen B.Sc. (Hons) in Gesundheit und Soziales und einen M.Sc. in der Psychologie. Ich bin auch ein Respiratory Care Practitioner sowie ein Redner, ein Blogger und eine Autorin. Ich bin Ende 40 und einfach so glücklich dass ich kürzlich herausgefunden habe, warum ich geboren wurde.

Als Autorin habe ich so viel mehr Farbe in mein Leben gebracht. Ich bin so glücklich.

Momentan arbeite ich mit Semi- und Komapatienten, die Hilfsmittel zur Lebenserhaltung verwenden, und ich muss gestehen dass die Arbeit mit solchen Patienten dazu beigetragen hat, mein Leben auf sehr positive Weise neu zu gestalten. Diese Erfahrungen haben mich den Realitäten des Lebens näher gebracht.

Ich bin sehr aktiv im Bereich Frauenorganisationen und Empowerment. Ich bin Gründungsmitglied der CWO Bremen und Mitglied der CWO auf nationaler Ebene. Ich bin auch aktives Mitglied der „Afrikanischen Woche", einer Veranstaltung, die jedes Jahr in Augsburg stattfindet und bei der ich Gelegenheit hatte, über die Ursachen von Flucht- und Einwanderungsproblemen und ihre wahrscheinlichen Lösungen zu sprechen.

Mein Dank geht an meine Schwester Vivian, Margret Aulbach, Julia Kupa und viele andere, die mir in diesen Angelegenheiten geholfen haben.

Ich liebe, zu lesen und zu schreiben. Ich liebe es auch, Menschen glücklich zu sehen, und ich bete dass diejenigen, die ich beleidigt habe, mir vergeben mögen.

Ich halte niemandem etwas vor, weil es eine Bürde ist, dies zu tun und ich liebe meinen Frieden.

Ich glaube dass wir alle geboren sind um kreativ zu sein und egal, wo wir uns befinden oder welche Herausforderungen wir im Leben durchmachen, wir sollten Gott nicht verlassen, denn durch Gebete erhalten wir unsere Kraft unseren Glauben und die Motivation harte Arbeit nicht zu scheuen. Der Himmel wird unser Ausgangspunkt sein.

Wie jeder andere Mensch habe ich viele Herausforderungen durchlaufen und bin viele Male gefallen. Ich glaube nur daran, niemals aufzuhören - kämpfe, bete, verfolge deine Träume, und das Universum wird den Rest erledigen.

Lob Für Das Buch

Ich bin beeindruckt wie meine Frau Ihre tiefsten Gefühle über Ihre Wurzeln mit einer so hohen Emotion und Hingabe der Welt verkündet.

Jeder von uns hat im Leben seine Wurzeln erlebt, gelebet, weitergetragen, verloren, wieder gefunden und ausgebaut.

Aber wenn man zusehen muss das die eigene Nation, die die Aufgabe hat das Leben der Bevölkerung zu festigen und nicht mit aller Gewalt die Wurzeln aus der geliebten Heimaterde resist, dann kann man das mit Worten eigentlich garnicht beschreiben.

Die tiefe Liebe zu den Wurzeln meiner Frau kann ich selber nachempfinden und ich Denke das Geheimrezept wurde in diesem Buch auf den Punkt gebracht.

Wenn es mehr Verständnis, Respekt und Hingabe zu den eigenen und Nationalen Wurzeln geben würde, wie im Buch meiner Frau komentiert, und wenn endlich die Sünden der Väter nicht wie Ketten an den Söhnen hängen bleiben, ja dann, wird die Welt vor Kraft unangreifbar sein.

In tiefer Anerkennung und der Hoffnung das dieses Buch dazu verhilft alle Wurzeln der Welt zu heilen und zu festigen.

-Hagen Meierdierks dein Mann-

ICH LIEBE DICH

Es ist so brillant und erstaunlich, ein solches Buch in so kurzer Zeit zu produzieren. Für diejenigen von uns, die nicht zu Hause sind, könnte das Lesen dieses Buches von Vorteil sein, um die Wunden unserer Wurzeln zu heilen.

Wir alle gehen mit verschiedenen Wunden umher, die uns von unseren schlechten Führern zugefügt wurden. Die einzige Möglichkeit, die Wunde zu heilen, besteht darin, nicht nur über einen verlorenen Ruhm zu meckern.

Dieses Buch ist gut geschrieben und kurz und kompakt.

Danke, Clara, dass du dein schriftstellerisches Talent eingesetzt hast, um mit unseren verschiedenen Wunden umzugehen.

- Franchesca Uche deine Schwester –

Deckblattkunst

Künstler: Dr. Vivian Timothy - Art Unleashed
Name des Gemäldes: Self-Evolution Acryl auf Leinwand 60 / 80cm
Website: Art-Unleashed.Com
Beschreibung: Prosa Self-Evolution

Ich male mich aus meinem Käfig,
Befreie mich von meinen Ängsten und Zweifeln,

Bitte! Sag mir nicht, dass ich angekommen bin

Ich bin immer noch auf meiner Reise zu mir selbst
und
befreie mich von den Fesseln meiner Vergangenheit
mit meinem Pinsel und meinen Farben.

Sich als Person weiterentwickeln,
Immer noch in der Entwicklung,
Entwickle dich weiter. "

Bücher Von Clara

Clara ist eine produktive Schriftstellerin und hat die folgenden Bücher geschrieben, die von Diverse Cultures Publishing veröffentlicht wurden. Sie finden die vollständige Sammlung von Claras Büchern auf www.amazon. de oder Amazon in Ihrem Land oder auf ihrer Website: www.claram.net

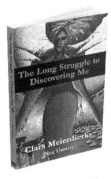

Der lange Kampf, mich zu entdecken

Veröffentlicht: 21. November 2018
Taschenbuch: 144 Seiten
Herausgeber: Diverse Cultures Publishing
Sprache: Englisch
ISBN-13: 978-0995739611

Der lange Kampf mich selbst zu Finden

Veröffentlicht: 6. Januar 2019
Taschenbuch: 162 Seiten
Herausgeber: Diverse Cultures Publishing
Sprache: deutsch ISBN-13: 978-1916011403

Erscheint Ab Mai 2019

Unsere Wurzel Unsere Ketten:

Bewältigung der nigerianischen Wahlen.
Sprache: Englisch
ISBN: 978-1-9160114-4-1

Sehnsucht Nach Einem Kind:

Umgang mit den psychologischen
Auswirkungen von Unfruchtbarkeit
und IVF.
Sprache: Englisch
ISBN: 978-1-9160114-2-7

Co-Autor Bücher

Clara hat Kapitel in Büchern beigesteuert, einschließlich dieser Bücher

Kapitel Titel: Mütterliche Glückseligkeit verzögert nicht verweigert
Buch: Der perfekte Migrant: Wie man ein erfolgreiches Leben in der Diaspora führt.

Taschenbuch: 224 Seiten
Verlag: Diverse Cultures Publishing (27. Mai 2018)
Sprache: Englisch
ISBN-13: 978-0995739697

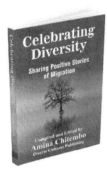

Kapitel-Titel: Vielfalt Der Elternschaft Ein Brief an unser besonderes Freudenbündel. Liebe dich für immer.

Buch: Vielfalt feiern: Positives über Migration teilen
Taschenbuch: 220 Seiten
Verlag: Diverse Cultures Publishing (17. Oktober 2018)
Sprache: Englisch
ISBN-13: 978-0995739680

Besuchen Sie die Website von Clara, um mehr zu erfahren. Die neuesten Versionen finden Sie unter:

www.claram.net